KB210934

모든 사람이 듣게 하라

생명의양식
소책자 시리즈 03

# 모든 사람이 듣게 하라

저자 김성운

생명의 양식
THE BREAD OF LIFE

# 목차

# 시리즈
# 서문

———

포스트 코로나 시대를 살고 있는 우리는 이전과는 분명 다른 사회를 경험하고 있습니다. 탈종교화 경향과 물질주의와 머니 러쉬 현상은 가속화되고 있습니다. 한국 교회에서는 영적이지만 종교적이기는 싫은, 소위 'SBNR'(Spiritual But Not Religious)이라 불리는 현상이 증가하고 있습니다. 성도들의 믿음은 흔들리고 있으며, 신앙의 대 잇기는 점점 더 어려워지고 있습니다. 다음세대가 '다른 세대'로 자라지 않을까 심각하게 염려가 듭니다. 이런 상황일수록 더욱 기본으로 돌아가야 합니다. 생명의양식 소책자 시리즈는 그리스도인들이 반드시 돌아보고 갖추어야 할 기본 신앙 주제들을 선별해 소개합니다.

본 시리즈는 다음과 같은 특징이 있습니다.

첫째, 정리 및 나눔을 위한 질문을 제공합니다. 위기 상황 가운데 소그룹 활동은 신앙을 더욱 굳건하게 해 줍니다. 본 시리즈는 소그룹을 위해 정리 및 나눔 질문을 제공합니다.

둘째, 어린이 교재와 연결됩니다. 가르치는 사람이 해당 내용을 풍성히 이해하고 양육할 때 교육 효과는 더욱 커집니다. 본 시리즈는 생명의양식에서 출간되는 어린이 교재와 연결됩니다.

셋째, 내용은 쉽고 간결합니다. 아무리 좋은 내용을 담고 있어도 내용이 어렵고 장황하고 효용성이 떨어집니다. 본 시리즈는 교역자든 평신도든, 부모든 자녀든, 교사든 학생이든 누구나 부담 없이 읽을 수 있습니다.

생명의양식 소책자 시리즈를 통해 한국 교회와 다음세대들이 굳건히 성장하기를 기대합니다.

2023년 4월

총회교육원 원장 이기룡 목사

# 저자
# 서문

――――

예수 그리스도의 복음은 모든 사람이 들어야 할 기쁜 소식입니다. 복음에는 하나님께서 예수 그리스도 안에서 인간을 위해 하신 구원의 기쁜 소식이 담겨 있습니다. 또한 예수 그리스도의 십자가 죽음과 부활의 복음은 기쁜 소식 이상의 것입니다. 복음은 그 말씀을 믿는 자들에게 구원을 주시는 하나님의 능력입니다. 거기에는 민족과 국가, 신분과 지위, 나이와 성별에 차별이 없습니다. 그래서 예수님은 교회와 제자들에게 십자가와 부활의 복음을 모든 사람에게 전하라고 명령하셨습니다. 인간을 죄와 사탄의 억압에서 해방하고 죽음과 심판에서 구원하는 예수 그리스도의 복음은 세상 모든 사람에게 전해져야 합니다.

복음 전파는 설교단과 서로 분리할 수 없는 관계에 있습니다. 사람들은 설교단에서 선포되는 복음을 듣고 성령의 역사하심으로 그것을 믿어 복음이 약속한 것을 받아 누리며, 그 복음을 다른 사람들에게 전합니다. 설교단에서 복음이 명확하고 힘차게 선포되면 전도와 선교가 힘을 얻지만, 복음이 흐릿하게 선포되면 전도와 선교가 힘을 잃습니다. 그래서 설교자는 믿지 않는 자들만이 아니라 성도들이 예수 그리스도의 복음을 듣도록 설교해야 합니다.

설교자는 복음과 함께 하나님께서 그의 백성에게 허락하신 특권, 곧 그리스도를 통해 세상을 자신과 화해시키는 위대한 사역(고후 5:18-19)에 동참하는 일꾼이 되도록(고후 6:1) 부르셨다는 것과 교회는 세상으로 보냄을 받은 선교 공동체라는 것을 선포해야 합니다. 설교는 하나님께서 선교를 증진하기 위해 사용하시는 방편입니다. 교회가 주님께서 맡기신 선교를 수행하기 위해 노력을 해야 하지만, 성령께서 적용하시는 말씀이 없다면 그 효과는 미미할 것입니다. 선교는 말씀을 통해 도전받는 모든 사람 안에 있는 성령의 구원하시고 변화시키는 능력에 뿌리를 두고 있기 때문입니다.

　이 소책자는 복음과 선교를 주제로 한 몇 편의 설교를 담고 있습니다. 이 책이 복음 전파에 관한 설교를 자극하는 데 도움이 되고, 성도들이 선교에 참여하도록 동기를 부여하는 데 쓰임이 되었으면 좋겠습니다.


2025년 4월

저자 김성운

# 제1장
# 가장 중요한 초대

## 마태복음 11장 28-30절

28 수고하고 무거운 짐 진 자들아 다 내게로 오라 내가 너희를 쉬게 하
리라
29 나는 마음이 온유하고 겸손하니 나의 멍에를 메고 내게 배우라 그리하
면 너희 마음이 쉼을 얻으리니
30 이는 내 멍에는 쉽고 내 짐은 가벼움이라 하시니라

여러분은 좋은 자리에 초대받아 보신 적이 있을 것입니다. 저
도 즐겁고 흥겨운 잔치에 초대받아 보고, 중요한 일을 결정하기 위
한 회의에 초대받아 보기도 했습니다. 어떤 초대는 부담스러워 거
절했습니다. 어떤 초대는 그저 그렇게 받아들였고, 어떤 초대는 기
쁘게 응했습니다. 여러분은 초대를 받았을 때 수락 여부를 어떻게
결정합니까? 우리는 초청장을 받으면 초청하는 사람은 누구이며,
무슨 목적으로 초청하는지 살펴봅니다. 그리고 수락 여부를 결정
합니다. 중요한 인사가 귀중한 것을 준비해 두고 초대하면 그 초대
를 거절할 사람은 없을 것입니다.

우리가 읽은 성경 말씀은 "내게로 오라" 하시며 우리를 초대하고 있습니다. 여러분은 이 초대에 대해 어떻게 생각합니까? 이 초대에 응해야 할까요? 이 초대를 받아들여야 할지, 말지를 결정하려면 초대하는 분이 어떤 분이며, 무엇을 위해 초대하시는지 살펴보아야겠죠? 그래서 지금부터 "내게로 오라"고 초대하는 분은 어떤 분이시며, 무엇을 위해 우리를 초대하시는지를 살펴보도록 하겠습니다.

## 초대하시는 분, 예수 그리스도

우리를 "내게로 오라"고 초대하시는 분은 예수님입니다. 우리를 초대하는 예수님에 대해 들어 보셨을 것입니다. 예수님이 사대 성인 가운데 한 분이시라는 말을 듣기도 했고, 많은 기적을 행하신 분이라는 이야기도 들었을 것입니다. 예수님께서 탄생하신 성탄절과 죽음에서 부활하신 부활절을 들어 보셨을 것입니다. 이 외에도 예수님에 관한 이러저러한 소문도 들어 보셨을 것입니다. 그런데 여러분은 소문으로 들은 이야기 이상으로 예수님에 대해 알고 있는지요? 이 질문을 하는 이유는 여러분이 그분에 대한 정확하고 자세한 정보를 알아야 예수님의 초청을 받아들일지 거절할지를 결정할 수 있기 때문입니다. 예수님이 어떤 분이신지 정확히 알려면 항간에 떠도는 이야기가 아니라, 초대한 분의 자기 소개서를 살펴보아야 할 것입니다. 과연 예수님은 자신을 어떻게 소개하실까요? "내게로 오라."는 초청 앞에 예수님은 직접 자신을 다음과 같이 소개하고 있습니다(마 11:27).

> 내 아버지께서 모든 것을 내게 주셨으니 아버지 외에는 아들을 아는 자가 없고 아들과 또 아들의 소원대로 계시를 받는 자 외에는 아버지를 아는 자가 없느니라

자기 소개서에서 예수님은 하늘과 땅에 있는 모든 것을 창조하시고 보존하시는 하나님을 아버지로 부르시고 자신은 하나님의 아들이라고 밝히고 계십니다. 예수님이 말씀하신 '아들'의 정확한 의미는 '그 아들'(the Son), 즉 하나님의 '유일하신 아들'이라는 의미

입니다. 예수님은 자신이 하나님의 유일하신 아들이며, 하나님은 그에게 하나님이 소유하신 모든 능력과 권위를 주셨다고 말씀합니다. 예수님은 하나님의 아들이시기 때문에 아버지 하나님을 완전하게 알 뿐만 아니라, 하나님을 온전히 알려 주실 수 있는 유일한 분이십니다. 이처럼 "내게로 오라"고 초대하시는 예수님은 굉장한 분입니다.

예수님은 신적 능력을 지니신 하나님의 아들이시기 때문에 많은 기적을 행하셨습니다. 성경이 그 사실을 증거합니다. 그런데 예수님께서 자기를 소개하시면서 자신이 행하신 많은 기적을 제시하지 않고 단지 자신만이 "하나님을 알고 하나님을 알려 줄 수 있다."라고 밝히신 이유가 무엇일까요? 이기적이고 나쁜 본성을 선천적으로 가지고 태어나 죄를 짓고 고통 가운데 살다 죽는 인간에게 가장 필요한 것은 하나님이 내려 주시는 사랑과 구원인데, 그것을 알려 주시는 분은 예수님 외에는 없기 때문입니다. 예수님은 자신만이 하나님을 알고 하나님이 베푸신 구원의 길을 알려 주고 구원을 줄 수 있는 분이라고 말씀합니다. 이렇게 "내게로 오라."고 초청하시는 분은 굉장한 분입니다.

## 초대 대상자, 피곤하고 무거운 짐 진 자

초대하신 예수님에 대해 알아보았으니 이 존귀하신 분이 누구를 초대하셨는지 살펴보겠습니다. 예수님께서 초청하는 대상은 "수고하고 무거운 짐진 자들"입니다. '수고'라는 말을 '피곤'이라고 번역하면 의미가 더 정확합니다. "피곤하고 무거운 짐 진 자들"이라는 표현에서 우리는 예수님께서 모든 인간을 초청하셨음을 알 수 있습니다. 사람은 태어나 일생을 살아가면서 여러 가지 이름으로 불립니다. 그런데 예수님은 그의 이름이 무엇이고 그가 어떤 직업과 직위를 가지고 살아가든지 모든 사람을 "피곤하고 무거운 짐 진 자"라고 부르십니다. 이보다 더 정확한 인간에 대한 정의가 또 있을까요?

예수님께서 말씀하신 "피곤"은 너무 지쳐서 움직일 힘조차 없지만 어쩔 수 없이 발걸음을 옮기며 살아가는 인생을 표현하는 말입니다. "사는 것이 왜 피곤해? 즐겁고 행복한 게 인생이지." 하면서 인생을 예찬하는 분들이 있을 것입니다. 맞습니다. 살면서 좋은 친구와 동료를 만나고 성공과 성취를 누리는 즐거운 순간이 있지요. 하지만 그런 순간은 오래 지속되지 않습니다. 그런 순간이 잠시 우리의 피곤을 가시게 하지만 곧 다시 발걸음은 무거워지고 피곤이 몰려옵니다. 여러분 가운데 이것을 부인하시는 분은 없을 것입니다.

왜 삶이 이렇게 수고스럽고 피곤할까요? 보다 근본적인 질문입니다. 여기에는 여러 가지 이유가 있을 것입니다. 그러나 무엇보다도 산다는 것 자체가 힘들기 때문입니다. 어린아이, 청소년, 대학생, 직장인, 중년, 노년 등 나이나 직업, 소유와 관계없이 모두 피곤합니다. 모두 무언가에 쫓기며 살아가고 있습니다. 우리나라 사람들이 얼마나 일에 쫓기고 살아가는지 보여주는 통계가 있습니다. 우리나라에서 아버지가 자녀들과 보내는 시간이 하루 평균 겨우 6분이라고 합니다. 부모와 자식 모두 일과 공부에 쫓기다 보니 함께할 시간이 없는 것이지요. 그래서 한국 사람들의 삶의 만족도는 아주 낮습니다. 그런데 한국만 그런 것이 아니라, 세계 모든 사람의 삶이 이렇게 수고스럽고 피곤합니다.

거기에다 사람의 본성이 악하고 거칠며 육체는 연약합니다. 가족과 친구와 동료가 서로 괴롭히고 싸우고 힘들게 합니다. 여러

유혹이 우리를 넘어뜨립니다. 병과 재난을 비롯해 우리의 힘으로 어찌할 수 없는 불행한 일들이 찾아옵니다. 죄로 인한 양심의 가책과 수치로 생겨난 짐이 우리 마음을 억누릅니다. 나만 어려움을 겪는 것 같지만 사람들의 삶을 들여다보면 이런저런 이유로 불행을 겪지 않는 사람이 없습니다. 그래서 늘 불안해하며 노심초사하면서 사는 것이 인생입니다.

그리고 이런 것을 참고 산다고 하더라도 인생은 허무합니다. 이렇게 힘들어하면서 사는 목적과 이유가 무엇인지 모릅니다. 노쇠함과 죽음이 우리를 기다리고 있다는 것 외에는 아는 것이 없습니다. 그러한 사실을 생각하기 싫어서 애써 회피해 보려고 하지만 인생의 덧없음이 다시 찾아와 블랙홀처럼 우리를 집어삼키려고 합니다. 여러분은 그렇지 않나요?

인생 자체의 피곤함만으로도 견딜 수 없을 지경인데, 거기다 예수님은 우리가 "무거운 짐"까지 지고 있다고 말씀하십니다. 예수님께서 인생을 너무 비관적으로 보고 계신 것은 아닐까요? 하지만 "무거운 짐"의 의미를 알면 수긍하지 않을 수 없습니다. 예수님께서 말씀하신, 우리의 어깨를 짓누르는 "무거운 짐"은 사람들이 만들어 낸 규율들입니다. 예수님께서 이 말씀을 일차적으로 유대인들에게 하셨으니 이것은 유대인들이 만든 종교적 규율들을 의미합니다. 당시 유대교 지도자들은 자신들이 만든 규율을 지키면 평안을 얻고 행복과 영원한 생명을 얻을 수 있다고 가르쳤습니다. 그런데 그 규율의 조항들을 살펴보면 숨이 막힐 지경입니다. 사는 것도 피곤한데 예수님 당시 유대인들은 그런 무거운 짐까지 짊어지고 끙끙대며 살았습니다. 그러나 유대인만 무거운 짐을 지고 있었던 것은 아닙니다. 오늘날에도 많은 사람이 무거운 짐을 지고 살아갑니다.

피곤하게 살아가는 여러분의 눈앞에 등장하는 화려한 광고판을 종종 보실 것입니다. 거기에는 '인생을 행복하게 사는 비법', '성공하는 비결', '죽음을 극복하는 법' 등과 같은 매혹적인 문구들이 적혀 있습니다. 광고판에는 그것을 얻으려면 아무개 종교, 아무개 이념, 아무개 철학을 찾아오라는 안내도 있습니다. 그래서 행복을 얻을 것이라고 기대하며 찾아가는 사람이 있습니다. 그런데 막상 그곳을 찾아가면 당신이 원하는 것을 얻으려면 행해야 할 규칙이라고 말하면서 아주 무거운 "짐"을 하나씩 어깨에 얹어 줍니다.

인생의 피곤함을 덜고 행복을 얻을 것이라는 기대로 찾아간 사람들이 오히려 무거운 짐만 지고 더욱 힘든 삶을 살게 되는 꼴입니다. 오늘날에는 철학적, 종교적 이념만이 아니라, 정치적 이념도 여기에 가세했습니다.

여러분 한번 생각해 보십시오. 이념이 우리에게 무엇을 주었습니까? 종교적이든 정치적이든 어떤 이념이 우리에게 행복을 주었습니까? 사람들을 좌우, 민족, 체제, 신분, 성별로 갈라놓고 서로 반목하고 갈등하며 싸우도록 만들고 있습니다. 정치적, 경제적 이념은 가족과 형제를 갈라놓고 서로 총질을 하도록 만들었습니다. 행복을 준다고 손짓하는 유혹은 행복과 평화가 아니라 비참함과 비극만 만들어 내고 있을 뿐입니다. 이념의 짐 때문에 흘린 눈물과 한숨과 피의 양을 측정할 수 있겠습니까?

종교는 또 어떻습니까? 많은 사람이 매일 흥밋거리로 "오늘의 운세"를 읽습니다. 미신적인 종교는 이사나 결혼도 마음대로 못하게 만듭니다. 부적을 쓰고 굿을 해서 귀신을 달래고 액을 피하라고 합니다. 우리 주위에는 이런 사이비 종교들이 널려 있습니다. 이런 사이비 종교에 발을 디뎠다 하면 행복해지는 것이 아니라 황폐

하게 됩니다. 소위 고등 종교라고 불리는 종교도 별 차이가 없습니다. 행복과 평화를 준다고 주장하는 종교를 보세요. 그 종교들 때문에 어떤 비극들과 잔인한 일들이 일어나고 있습니까? 부끄럽지만 정통 교회도 예수님을 등지고 예수님에게서 멀어지면 그러한 일을 하게 됩니다.

이것이 예수님께서 말씀하시고, 우리가 인정할 수밖에 없는 우리 인간들의 피곤하고 가련한 모습입니다. 가뜩이나 피곤한 인생인데, 수많은 사람이 종교적, 정치적, 경제적 이념에 현혹되어 무거운 짐을 지고 살고 있습니다. 여러분 중에서 이런 무거운 짐을 지고 헉헉대며 살아가는 분은 없는지요? 예수님은 우리의 삶을 미화시키지 않습니다. 우리의 삶을 있는 그대로 보시고 직시하면서 초대하고 계십니다. "피곤하고 무거운 짐을 지고 살아가는 자들아! 다 내게로 오라."

## 초대의 목적, 쉼

그렇다면 예수님께서 우리를 초대하시는 이유는 무엇일까요? 예수님은 우리에게 "쉼"을 주시기 위함이라고 밝히고 있습니다. 여러분 가운데 "쉼이 뭐 그렇게 중요한 것인가? 우리가 살아가는 데 필요한 중요하고 요긴한 것들이 얼마나 많이 있는데 겨우 쉼을 주려고 우리를 초대한다고?"라고 생각하는 분이 있을 것입니다. 그런 분이 있다면, 예수님께서 초대에 응한 사람들에게 주시려는 "쉼"이 무엇인지를 곰곰이 생각해 보시면 좋겠습니다. 예수님께서 바쁜 일상을 내려놓고 커피나 한잔하면서 잠시 여유를 즐기라고 우리를 부르시는 것은 아니기 때문입니다.

앞에서 살펴본, 초대하신 분이 어떤 분이며, 그분이 초대하신 "수고하고 무거운 짐 진 자"라는 의미를 생각해 보면 예수님께서 주겠다고 하시는 "쉼"이 무엇인지를 알 수 있습니다. 예수님은 또 다른 무거운 짐을 지우시기 위해서가 아니라, 그것들을 벗기고 쉼과 평안을 주기 위해 우리를 초대하십니다. 예수님께서 정말 그렇게 하실 수 있을까 생각하시는 분들이 있을 것입니다. 예, 그렇습니다. 예수님께서는 우리에게 쉼과 평안을 주십니다. 하나님의 유일하신 아들로서 하나님의 능력을 지니신 예수님이 십자가에서 죽고 부활하셔서 죄와 사탄에 얽매여 살아가는 우리의 괴로운 사슬을 끊으셨기 때문입니다. 예수님이 고통을 받으시고 죽임을 당하신 것은 그분의 잘못 때문이 아니라, 우리 어깨를 짓누르던 멍에를 대신 지시고 우리에게 쉼을 주시기 위함이었습니다. 예수님이 이 땅에 오시기 700년 전에 살았던 한 선지자는 다음과 같이 예수님의 고난과 죽음을 예언했습니다(사 53:5).

그가 찔림은 우리의 허물 때문이요 그가 상함은 우리의 죄악 때문이라 그가 징계를 받으므로 우리는 평화를 누리고 그가 채찍에 맞으므로 우리는 나음을 받았도다

예수님께서 "수고하고 무거운 짐 진 자들"인 우리를 초대하며 주겠다고 하신 "쉼"은 마치 풍성한 크리스마스 선물 꾸러미와 같습니다. 그것을 몇 가지로 요약하면 이렇습니다. 첫째, 쉼을 주신다는 것은, 예수님이 함께하시며 도와주시겠다는 약속입니다. 인

생을 살아가는 동안 어렵고 험한 일을 만날 때가 있습니다. 그때마다 함께하면서 그것을 해결해 주는 도우미가 있다면 힘들지 않을 것입니다. 하나님의 유일하신 아들 예수님께서 초대에 응하는 자들에게 그런 분이 되어 주십니다. 예수님이 함께하며 도움을 주십니다. 지금까지 예수님의 초대를 받아들인 수많은 사람이 쉼을 누렸고 지금도 누리고 있으며 앞으로도 누릴 것입니다.

둘째, 쉼을 주신다는 것은 우리의 악한 본성을 고쳐 주시고, 우리를 얽어매고 있는 사탄과 어둠의 굴레를 벗겨 내어 자유를 주시겠다는 약속입니다. 현대인은 귀신과 사탄을 미신적 존재로 치부하며, 초자연적인 세계는 없다고 생각합니다. 그러나 그렇지 않습니다. 우리 주위에서 일어나는 일들을 조금만 세심하게 살펴보아도 어둠의 세력이 있다는 것을 알 수 있습니다. 미신 종교나 사이비 종교에서 언급하는 운명, 팔자, 액과 같은 이야기에도 일말의 진실이 담겨 있습니다. 그러나 예수님의 초대에 응한 사람은 하나님께서 "흑암의 권세에서 건져내사 그의 사랑의 아들의 나라로 옮기"시기 때문에(골 1:13) 피곤한 어둠의 종살이에서 벗어나 하나님의 사랑이 통치하는 나라에서 자유와 쉼을 누리게 됩니다.

셋째, 쉼을 주신다는 것은 죽음을 이기고 삶의 목적지를 보여 주시겠다는 약속입니다. 예수님은 죽음을 이기고 부활하셔서 죽음이 끝이 아니라 영원한 삶이 있음을 몸소 보여주셨습니다. 죽음은 우리를 절망하게 합니다. 죽음은 삶을 무의미하게 만듭니다. 우리가 수고하여 쌓아 왔던 모든 것을 멸절시킵니다. 죽음은 부조리하고 잔인하지만, 죽음에 맞서 우리가 할 수 있는 것은 없습니다. 그런데 예수님은 자신의 초청에 응한 사람들에게 영생을 주시기 위해 죽임을 당하시고 부활하셨습니다. 예수님께 나아온 이들에게 하나님은 죽음의 멍에와 두려움을 벗기시고 자유와 쉼을 주십니다. 죽음의 짐을 벗은 사람은 마음의 평안을 얻고 의미 있는 삶을 살아가며 모든 순간을 즐기게 됩니다.

한국의 최고 지성인이라 불린 이어령 교수는 사람들이 죽음의 두려움을 회피하기 위해 온갖 일들을 한다고 말했습니다. 그리고 자기도 그러한 삶을 살았다고 고백했습니다. 그런데 73세 때 예수님의 초대를 받아들였습니다. 그리고 난 후 그가 예수님의 초대를 거부하고 살았던 시기를 회상하며 『어느 무신론자의 기도』라는 시집을 출간했습니다. 이어령 교수가 삶의 마지막 시간을 어떻게 보내었는지 찾아보시면, 예수님이 주시는 쉼이 얼마나 좋은 것인지 보다 생생하게 알게 될 것입니다. 삶의 여정이 피곤하지만, 돌아갈 집이 있는 것을 아는 사람은 평안을 누립니다.

넷째, 예수님께서 쉼을 주신다는 것은 종교와 이념이 씌운 멍에를 벗겨 주신다는 약속입니다. 예수님은 쉼을 얻기 위해 우리가 할 수 없는 일들을 해야 한다고 말씀하지 않으셨습니다. 참된 쉼은 우리 인간이 어떠한 일을 함으로 얻을 수 있는 것이 아니기 때문입니다. 우리의 내면에서 끊임없이 솟아 나와 우리를 괴롭히는 욕심과 우리를 붙잡고 놓아주지 않는 어둠의 세력과 인생의 끝에서 큰 입을 벌리고 우리를 기다리고 있는 죽음이라는 심연에서 벗어나는 것은 어떤 종교적 규율을 실천하거나 이념을 따른다고 얻을 수 없습니다. 예수님은 우리가 질 수 없는 무거운 짐을 지우지 않으셨습니다.

예수님께서는 우리가 할 수 없는 일을 하시기 위해 세상에 오셨고 우리를 위해 그 일을 해 주셨습니다. 예수님은 십자가에 달려 죽임을 당하고 부활하셔서 악한 우리의 본성을 변화시키고, 우리를 절망케 하는 죽음을 죽이고 우리를 괴롭히던 어둠의 세력을 멸하셨습니다. 이것은 그 어떤 종교나 이념이 결코 할 수 없는 것입니다. 예수님은 "피곤하고 무거운 짐 진 자들이" 예수님께서 하신 이 놀라운 일을 누리고 쉬라며 우리를 초대하고 계십니다.


## 초대한 분이 요구하시는 것


예수님의 초대를 받아들이는 사람은 예수님이 주시는 하늘로부터의 쉼과 평안을 누리게 됩니다. 이것은 사람이 받기에 너무 과분한 선물입니다. 그런데 예수님은 초대받은 자들에게 하나의 조건을 말씀하고 있습니다. "나의 멍에를 메고 내게 배우라 그리하면 너희 마음이 쉼을 얻으리니." "나의 멍에를 메고 내게 배우라." 라는 말씀 때문에 당황하는 분들이 있습니다. "멍에라니요! 무거운 것을 다시 지라는 말씀입니까? 그렇다면 그것이 어떻게 좋은 선물이라 할 수 있겠습니까?"

염려하지 마십시오. 예수님께서 말씀하신 '멍에'는 우리의 어깨를 무겁게 하는 또 다른 짐이 아닙니다. "나의 멍에를 메라."라는 표현은 "나를 믿고 나의 가르침을 따르라."라는 관용적인 표현입니다. 예수님을 신뢰하고 십자가에서 하신 그 일을 믿고, 예수님의 가르침을 따르라는 것입니다. 예수님 당시에는 두 마리 소가 함께 멍에를 졌습니다. 아무래도 거칠고 사나운 소와 같은 멍에를 지는 소는 끔찍한 순간이겠지요. 그런데 예수님은 "나는 온유하고 겸손하다. 내 멍에는 쉽고 내 짐은 가볍다."라고 말씀하십니다. 온유하신 주님께서 나의 짐을 지시고 친절하게 좋은 길로 이끄시겠다는 말씀입니다. 그렇다면, 나의 무거운 짐을 예수님께 맡기고 쉼과 평안으로 이끄는 예수님을 따르는 것을 누가 무겁다고 거부하겠습니까? 예수님과 함께하는 멍에는 쉬울 뿐만 아니라 즐겁고 행복한 일입니다. 예수님은 자신의 한계와 약함을 인정하고 겸손하게 예수님의 초대를 받아들이는 자에게 이런 쉼과 평화를 주겠다고 약속하고 계십니다.

## 예수님의 초대를 받아들이세요

하나님의 유일하신 아들 예수님은 피곤하고 무거운 짐을 지고 인생을 살아가는 우리에게 "다 내게로 오라 내가 너희를 쉬게 하리라."라고 초대하고 계십니다. 예수님의 초대를 받아들이고 예수님이 주시는 쉼과 평화를 누리기를 바랍니다. 예수님의 초대에 응하여 그분을 믿고 따르면 더 이상 죽음의 공포가 삶을 흔들지 못할 것입니다. 통제되지 않는 죄악 된 본성과 어둠의 세력으로부터 자유를 얻게 될 것입니다. 헛된 희망을 찾으려다 무거운 짐을 지우게 되는 수렁에 빠지지 않을 것입니다.

아직 예수님을 믿지 않는 분들은 "내게로 오라."라며 손 내미시는 하나님의 유일하신 아들 예수님의 초청에 응하여 그분 안에서 참 쉼과 평안을 얻는 복을 누리기를 바랍니다.

그가 찔림은

우리의 허물 때문이요

그가 상함은

우리의 죄악 때문이라

그가 징계를 받으므로

우리는 평화를 누리고

그가 채찍에 맞으므로

우리는 나음을 받았도다

이사야 53장 5절

## • 정리 및 나눔을 위한 질문

1. "내게로 오라."라고 초대하시는 예수님은 어떤 분이신가요?

2. 예수님이 말씀하신 수고와 무거운 짐 진 자들은 누구인가요?

3. 예수님의 초대를 받아들이는 자들에게 예수님은 어떤 선물을 주시나요?

4. 예수님을 믿은 분들은 사람들이 예수님의 초대에 응할 수 있도록 어떻게 도울 수 있을까요?

# 제2장
## 모든 사람이 듣게 하라

# 로마서 10장 9-21절

9 네가 만일 네 입으로 예수를 주로 시인하며 또 하나님께서 그를 죽은 자 가운데서 살리신 것을 네 마음에 믿으면 구원을 받으리라

10 사람이 마음으로 믿어 의에 이르고 입으로 시인하여 구원에 이르느니라

11 성경에 이르되 누구든지 그를 믿는 자는 부끄러움을 당하지 아니하리라 하니

12 유대인이나 헬라인이나 차별이 없음이라 한 분이신 주께서 모든 사람의 주가 되사 그를 부르는 모든 사람에게 부요하시도다

13 누구든지 주의 이름을 부르는 자는 구원을 받으리라

14 그런즉 그들이 믿지 아니하는 이를 어찌 부르리요 듣지도 못한 이를 어찌 믿으리요 전파하는 자가 없이 어찌 들으리요

15 보내심을 받지 아니하였으면 어찌 전파하리요 기록된 바 아름답도다 좋은 소식을 전하는 자들의 발이여 함과 같으니라

16 그러나 그들이 다 복음을 순종하지 아니하였도다 이사야가 이르되 주여 우리가 전한 것을 누가 믿었나이까 하였으니

17 그러므로 믿음은 들음에서 나며 들음은 그리스도의 말씀으로 말미암았느니라

18 그러나 내가 말하노니 그들이 듣지 아니하였느냐 그렇지 아니하니 그 소리가 온 땅에 퍼졌고 그 말씀이 땅 끝까지 이르렀도다 하였느니라

19 그러나 내가 말하노니 이스라엘이 알지 못하였느냐 먼저 모세가 이르되 내가 백성 아닌 자로써 너희를 시기하게 하며 미련한 백성으로써 너희를 노엽게 하리라 하였고

20 이사야는 매우 담대하여 내가 나를 찾지 아니한 자들에게 찾은 바 되고 내게 묻지 아니한 자들에게 나타났노라 말하였고
21 이스라엘에 대하여 이르되 순종하지 아니하고 거슬러 말하는 백성에게 내가 종일 내 손을 벌렸노라 하였느니라


## 소망 없는 세상을 살아가는 사람들


사람들은 더 좋은 세상에서 더 존중받고 더 나은 삶을 살기를 바랍니다. 하지만 세상은 좋아지는 것이 아니라 갈수록 더 망가져 가고 있습니다. 사람들 사이의 갈등은 더욱 깊어 가고 충돌과 재난이 일상이 되어 가고 있습니다. 하나님의 형상을 지닌 인간의 가치가 땅에 떨어졌습니다. 그래도 이런 세상에서 사람들은 여전히 자기가 존재하고 살아가는 의미를 찾으려 이곳저곳 기웃거리고 있습니다. 영적인 갈증에 목말라 있기 때문입니다.

그런데 세상은 절대적인 진리 같은 것은 없으니 각자 자기가 하고 싶은 대로 살라고 말하고 있습니다. 자유를 주는 소식처럼 들립니다. 하지만 막상 이런 소리를 듣고 따르면 삶은 더욱 망가지고

더 깊은 정신적, 육체적 파탄의 수렁으로 빠지게 됩니다. 최근 들어 순간의 느낌이나 감정을 따라 살아가는 사람이 더 많아졌습니다. 갈수록 더 많은 사람이 마약과 약물 중독에 빠지고 있습니다. 결국 사람들은 이전보다 더 불행하고 불안하다고 말합니다. 이러한 진단은 주관적으로 내린 것이 아닙니다. 매년 발표되는 통계가 이런 상황을 보여주고 있습니다. 여러분도 이런 사실을 잘 알고 있을 것입니다. 그런데 더 심각한 문제는 자신이 겪는 고통과 곤궁함의 원인을 사람들이 모른다는 것입니다.

성경은 인간이 불행과 고통을 겪고 있는 원인이 인간을 향한 하나님의 노하심 때문임을 알려 줍니다(롬 1:18-32). 아담과 그의 자손이 반역하므로 하나님의 진노가 모든 창조 세계에 임해 있습니다(창 3:17-19). 하나님이 범죄한 인간에게 진노하시므로 인간은 하나님과 단절되었고, 자기 자신과 단절되었으며, 사회적으로 단절되었습니다. 또한 자연과도 단절되어 자연을 파괴하고 그 결과로부터 재앙을 당하고 있습니다. 인간이 겪는 고통, 질병, 노화, 가난, 차별, 불화, 전쟁, 죽음 같은 모든 곤궁은 하나님의 진노에서 파생되었습니다. 세상은 망가졌고, 사람은 구원이 필요합니다.

이처럼 성경은 우리가 겪는 문제는 드러난 증상이며 그 원인은 하나님과 깨어진 관계에 있다고 말합니다. 그러므로 인간이 하나님의 진노를 잠재우고 구원받으려면 무엇보다 하나님과 관계를 회복해야 합니다(롬 5:8, 고후 5:20). 그러면 어떻게 인간이 하나님과 관계를 회복하여 구원을 얻을 수 있을까요? 어떤 종교에서 주장하는 것처럼, 선한 일을 많이 하면 하나님의 마음을 돌이킬 수 있을까요? 그것은 불가능합니다. 모든 사람이 죄를 범하였으므로 어떤 일로도 하나님을 만족시킬 수 없습니다(롬 3:23). 사람이 하나님을 만족시키려고 하는 모든 시도는 좌절로 끝나거나 더 큰 죄를 짓는 결과를 맞이할 뿐입니다. 행위를 강조하는 종교적 근본주의에서 흔히 볼 수 있는 모습입니다.

우리가 읽은 성경 말씀은 이와는 다른 기쁜 소식을 알려 줍니다. "네가 만일 네 입으로 예수를 주로 시인하며 또 하나님께서 그를 죽은 자 가운데서 살리신 것을 네 마음에 믿으면 구원을 받으리라"(롬 10:9). 성경은 하나님이 예수 그리스도의 십자가 안에서 하신 일을 믿고 그를 주로 시인하면 하나님과 화목하여 구원을 받는다고 알려 줍니다. 성경은 이것을 복음, 즉 기쁜 소식이라고 부릅니다. 흥미롭게도 신약 성경에서 '복음'이라는 단어가 133번이나 나오는데, 반드시 모든 사람이 듣도록 공개적으로 선포되어야 할 기쁜 소식을 의미합니다.

성경은 하나님께서 보내신 독생자 예수 그리스도께서 십자가에서 죽고 부활하셔서 사람을 죄와 하나님의 진노로부터 구원하셨으며, 그러한 예수님을 믿는 사람은 구원받는다는 기쁜 소식을 알려 줍니다. 예수님은 십자가에서 죄인들을 대신해 하나님의 진노를 받고 죽으셨습니다. 하나님은 죽음의 권세를 멸하시고 죽어 장사 된 예수님을 다시 살리셨습니다. 하나님은 예수님의 십자가와 부활을 믿는 사람을 죽음에서 생명으로 옮기십니다(요일 3:14). 예수님은 죄와 죽음 가운데 있는 인간이 구원받아 새 생명을 얻는 데 필요한 모든 것을 이루셨습니다. 그래서 하나님이 예수 그리스도 안에서 하신 일을 믿고 주의 이름을 부르는 자는 누구든 구원을 얻습니다(롬 10:13). 그가 어떤 사람이든 상관없습니다(롬 10:12). 누구든지 예수 그리스도를 믿으면 구원받아 새로운 피조물이 됩니다(고후 5:17). 이것이 복음입니다. 죄의 종으로, 하나님의 진노 아래 신음하며 살아가는 인간에게 이보다 더 좋은 소식은 없습니다. 소망 없는 세상을 살아가는 사람들에게 주어진 유일한 소망입니다. 그래서 사도 바울은 모든 사람이 복음을 들어야 한다고 말씀합니다.


## 모든 사람이 복음을 들어야 합니다


복음은 모든 사람에게 전파되어야 합니다. 사람은 예수 그리스도를 믿어 그분 안에 있든지, 예수 그리스도를 거부하고 하나님의 진노 아래 있든지 둘 중 하나입니다. 하나님은 모든 사람이 구원을 받으며 진리를 아는 데 이르기를 원하십니다(딤전 2:4). 그러므로 예수 그리스도의 십자가와 부활 복음은 반드시 모든 사람에게 전파되어야 합니다.

사도 바울은 이 사실을 강조하기 위해 로마서 10장 14-15절에서 역순으로 부정어로 된 세 가지 질문을 던지고 있습니다. 역순으로, 부정어로 질문함으로 복음 전도가 필수임을 강조하고자 했습니다. 14-15절에 나오는 바울의 질문은 다음과 같이 바꿀 수 있습니다. "주님의 이름을 부르려면 (반드시) 믿어야 한다. 믿으려면 (반드시) 복음을 들어야 한다. 복음을 들으려면 (반드시) 전파하는 자가 있어야 한다." 복음을 전파하는 자가 없으면 복음을 들을 수 없고, 믿을 수 없고, 주의 이름을 부르고 구원을 얻을 수 없습니다. 우리가 예수님을 믿고 구원받은 것은 우리에게 복음을 전해 준 사람들이 있었기 때문입니다. 먼저 믿은 사람들이 전해 준 복음을 듣고 구원받은 우리는 다른 사람들에게 복음을 전해 주어야 합니다. 그리스도인에게 전도는 선택이 아닙니다. 전도는 모든 그리스도인의 의무이며 사명입니다.

바울은 고린도 교회 성도들에게 보낸 편지에서(고전 9:16) "내가 복음을 전할지라도 자랑할 것이 없음은 내가 부득불 할 일임이라 만일 복음을 전하지 않으면 내게 화가 있을 것이라."라고 했습니다. 바울은 고린도에서 유대인들에게 복음을 전할 때 유대인들이 복음을 대적하고 비방하자 옷을 털면서 "너희 피가 너희 머리로 돌아갈 것이요 나는 깨끗하리라."라고 말했습니다(행 18:6). 바울이 에스겔 선지자의 예언을 염두에 두고 한 행동이었습니다. 하나님은 에스겔을 이스라엘의 파수꾼으로 삼으시고 하나님의 경고 메시지를 안인에게 전하라고 명령하셨습니다. 하나님은 파수꾼이 그들에게 하나님께서 경고하신 말씀을 전하지 아니하면 악인은 자기 죄악으로 말미암아 죽지만, 악인의 피를 경고의 말씀을 전하지 않은 파수꾼에게서 찾을 것이라 말씀하셨습니다(겔 3:17-18, 33:7-8). 바울은 자기에게 맡겨진 복음을 전하지 않아 사람들이 회개하고 구원받지 못하면, 하나님께 그 책임을 추궁당할 것이라고 말하고 있습니다. 이처럼 전도는 사람들의 생명과 그 생명에 대한 책임이 걸려 있는 엄중한 사명입니다. 물론 우리는 바울과 에스겔처럼 주님께 직접 사도로, 선지자로 부름 받지는 않았습니다. 하지만 "온 천하에 다니며 만민에게 복음을 전하라."(막 16:15)는 명령이 나와 상관없다고 말할 수 있는 성도는 아무도 없습니다. 전도는 모든 성도에게 주어진 명령이며 사명입니다. 우리도 바울처럼, "만일 복음을 전하지 않으면 내게 화가 있을 것이라."라는 두렵고 떨리는 마음으로 모든 사람에게 복음을 전해야 합니다.

## 전도를 가로막는 장애물들

사실 우리는 전도해야 한다는 것을 잘 알고 있습니다. 하지만 전도가 쉽지 않습니다. 어떤 분들은 쉽게 전도하지만, 성도 대부분은 전도가 어렵게 느껴집니다. 전도가 부담스럽고 힘든 분들은 애초에 자기에게 전도의 은사가 없다는 핑계를 대기도 합니다. 물론 전도의 은사를 가진 분들이 있습니다. 그리고 교회에 "전도자들"(행 21:8, 엡 4:11)과 "전도인의 일을 하도록"(딤후 4:5) 부름을 받은 직분자들이 있습니다. 하지만 전도를 어려워하는 것은 은사가 없어서가 아닙니다. 전도하는 데 특별한 은사가 필요하지 않습니다. 성도라면 누구나 "하나님의 아들 예수 그리스도께서 십자가에서 죽으시고 부활하셨으며, 그 예수님을 믿으면 구원을 받아 새로운 삶을 산다."라는 기쁜 소식을 전할 수 있습니다.

어떤 성도들은 사람들이 복음에 무관심하고 교회와 그리스도인에게 적대적인 세상 환경 때문에 전도가 힘들다고 말합니다. 외부적 요인들로 인해 전도가 어려운 것은 사실입니다. 하지만 그런 어려움은 오늘날만의 일이 아닙니다. 복음이 처음 전파될 때부터

늘 있었습니다. 전도의 일차적 장애물은 외부에 있는 것이 아니라 성도 자신에게 있습니다. 우리 속에 있는 내부의 장애물을 극복하지 못하면 외부의 장애물을 극복하며 전도할 수 없습니다.

하나님의 명령이요 성도의 책임이며 사명인 전도를 주저하게 만드는 내부 장애물들은 어떤 것이 있을까요? 제가 지금까지 경험하고 관찰한 바로는 크게 세 가지가 있습니다. 첫째는 전도에 대한 무관심과 게으름입니다. 전도하자고 하면 "나는 전도의 은사가 없다," "나는 내성적 성격이라 전도를 하지 못한다," "바빠서 시간이 없다."라고 핑계 대며 회피하는 분들이 있습니다. 이런 식으로 전도를 회피하는 이유는 사실 성격이나 성향 탓이 아니라, 영적으로 메말라 구원의 확신과 기쁨을 누리지 못하고 있기 때문입니다. 영적으로 메말라 있으면 복음에 대한 확신과 다른 사람들의 구원에 관심을 가질 수 없습니다. 전도에 무관심한 분들은 먼저 성령의 은혜를 받아 구원의 기쁨이 충만하도록 기도하고 교회는 그런 분들이 영적 침체를 벗어나도록 도와주어야 합니다. 그래야 자기를 구원하신 하나님의 은혜와 복음을 자랑할 수 있습니다.

두 번째는 거절과 실패에 대한 두려움입니다. 신학교에서 전도학 수업을 진행하면서 신학생들에게 '전도할 때 가장 힘든 점이 무엇이냐?'고 질문했더니 "거절에 대한 두려움"이라는 대답이 가장 많았습니다. 웃으며 친절하게 복음을 전했는데 냉정한 반응을 보이거나 비웃는 사람들이 있습니다. 어떤 사람들은 전도하면 욕을 하거나 교회나 성도를 모욕하기도 합니다. 여러분 가운데서도 전도하다가 이런 일을 당한 분들이 있을 것입니다. 이런 사람을 만나면 자존심이 엄청 상합니다. 이런 일이 몇 번 반복되면 거절당하는 것에 대한 두려움이 생겨 전도하기 쉽지 않게 됩니다. 어떻게 이런 두려움을 이기고 전도할 수 있을까요? 놀랍게도 최고의 전도자라 할 수 있는 바울도 복음을 전할 때마다 수모를 당했습니다. 미쳤다는 소리를 듣고, 천하를 어지럽히는 자라는 욕을 들었습니다. 여러 번 죽임을 당할 뻔했습니다. 그럼에도 바울이 온갖 수모를 이겨 낸 이유는 그 고난을 통해 십자가의 능력이 드러나고 복음이 전파된다는 것을 알고 있었기 때문입니다. 오늘날에도 이슬람권이나 공산권에 있는 성도들은 모욕이나 거절보다 더한 수모를 당하면서도 기쁘게 복음을 전하고 있습니다. 전도를 통해 드러나는 하나님의 영광과 영혼을 얻는 기쁨을 아는 성도는 성령이 주시는 힘으로 전도할 때 받는 거절과 수모를 충분히 이겨 낼 수 있습니다.

　세 번째는 준비 부족입니다. 전도는 열정이 있어야 하지만, 열정만으로 되지 않습니다. 사람들에게 다가가 호소력 있게 복음을 제시할 방법을 알아야 하고, 사람들이 던지는 질문들에 지혜롭게 대답할 준비가 되어 있어야 합니다. 그래서 사도 베드로는 "너희 속에 있는 소망에 관한 이유를 묻는 자에게는 대답할 것을 항상 준비하고 있으라."(벧전 3:15)라고 권고합니다. 전도를 준비하려면 훈련이 필요합니다. 전도 훈련이 되어 있지 않으면, 제대로 전도할 수 없습니다. 전도 훈련을 받지 않은 분들은 노력한 만큼 열매를 거두지 못하여 결국 전도에 대한 열정도 식게 됩니다. 그러므로 모든 교회는 전도 훈련을 하고, 모든 성도는 전도 훈련을 받아야 합니다. 전도하려고 하는데 훈련을 받을 기회가 없어 어떻게 해야 할지 모르는 분이 있으면 "하나님께서 성령의 능력과 담대함으로 채워 주시고, 하나님께서 전도할 자들에게로 인도하시며, 복음을 전할 때 하나님께서 그들의 마음을 열어 복음을 받아들이게 하시도록" 끊임없이 기도하십시오. 이렇게 끊임없이 기도하면 하나님이 여러분을 전도할 사람에게로 인도하시고 전도의 열매를 얻게 하실 것입니다.

## 복음을 듣는 사람이
## 모두 복음을 받아들이는 것은 아닙니다

우리가 전한 복음을 듣는 사람이 모두 복음을 받아들이지는 않습니다. 복음을 전하면 기쁘게 받아들이는 사람이 있습니다. 그런데 그렇지 않은 사람이 훨씬 많습니다. 믿지 않는 정도가 아니라 복음을 거부하고 복음 전하는 사람들을 미워하고 배척하는 사람들이 있습니다. 우리가 전도하다 낙심하지 않으려면 이 사실을 꼭 기억하고 있어야 합니다. 바울은 로마서 10장 18-21절에서 하나님께서 유대인들에게 구약 성경을 통해 예언하셨음에도 불구하고 그들이 복음을 듣고 순종하지 않는다고 말씀하고 있습니다. 유대인이 먼저 복음을 들었지만, 그들 가운데 많은 사람이 복음에 순종하기는커녕 복음을 전하는 사도를 박해했습니다.

사람들이 전도를 거부하고 싫어하는 것은 이상하거나 새로운 일이 아닙니다. 예수님께서 십자가를 지시기 전 제자들에게 고별 설교를 하시며 다음과 같이 말씀하셨습니다. "세상이 너희를 미워하면 너희보다 먼저 나를 미워한 줄을 알라. 너희가 세상에 속하였으면 세상이 자기의 것을 사랑할 것이나, 너희는 세상에 속한 자가 아니요 도리어 내가 너희를 세상에서 택하였기 때문에 세상이 너희를 미워하느니라"(요 15:18-19). 예수님께서 말씀하신 대로 유대인은 십자가의 복음을 꺼리며 헬라인은 십자가를 미련한 것으로 여기며 거부했습니다(고전 1:23). 유대인과 헬라인만 아니라 세상 사람들은 늘 그리스도의 십자가와 복음을 전하는 사람들을 조롱하고 혐오해 왔습니다. 그러므로 우리는 복음을 전할 때 세상은 예수님과 예수님을 믿는 사람들을 싫어한다는 사실을 기억하고 그들의 반대를 이겨 내야 합니다.

오늘날도 사람들은 어느 때보다 더 십자가 복음 메시지를 좋아하지 않습니다. 소위 계몽된 현대인들은 그리스도인을 이상한 사람으로 생각합니다. 예수님과 그리스도인들을 조롱합니다. 가까운 2024년 프랑스 파리 올림픽 개막식 행사에서도 전 세계인들이 보는 앞에 기독교 진리와 예수님을 조롱거리로 삼은 것 아니냐는 논란이 있었습니다. 우리 시대 소위 지성인들과 여론을 형성하는 사람들은 "예수님만 구원의 길이라고 주장하는 것은 독단적이다."라고 비판합니다. 그들은 여러 수단을 동원해 성경이 말씀하는 절대 진리는 없으니 성경과 교회가 하는 말은 무시하고 각자 자기를 믿고 진리와 구원의 길을 찾으라고 외치고 있습니다. 사람들은 그러한 말에 현혹되어 하나님의 사랑과 예수 그리스도를 통해 인간에게 주신 구원의 길을 거부하고 대적하고 있습니다. 그래서 이전보다 전도가 더 힘들어졌습니다. 이런 사람들의 반응이 두려워 전도를 주저하거나 두려워하는 성도들이 있습니다. 그러면 전도를 그만두어야 할까요? 어떤 분들이 주장하듯이 말로 하는 전도는 그만두고 선한 삶으로 사람들의 마음을 움직여 예수님께 인도해야 할까요? 그렇지 않습니다. 우리는 주님의 말씀에 순종해 복음을 전해야 합니다. 모든 사람이 복음을 듣게 해야 합니다. 성경이 말씀하는 것처럼, 구원은 믿음에서 나고 믿음은 복음을 들음에서 나기 때문입니다(롬 10:17).

## 복음의 능력을 믿고 계속 전해야 합니다

복음을 반대하는 자들이 있고, 복음 전하는 자들을 멸시하는 환경에서도 우리는 용기를 내어 전도해야 합니다. 왜냐하면 어디에든지 하나님이 예비해 놓으신 복음을 기다리는 자들이 있기 때문입니다. 예수님은 "내 양은 내 양은 내 음성을 듣고 한 무리가 되어 한 목자에게 있으리라."라고 말씀하셨습니다(요 10:16). 바울이 고린도에서 고난 가운데 복음을 전할 때 주님은 환상 가운데 나타나 말씀하셨습니다. "두려워하지 말며 침묵하지 말고 말하라 내가 너와 함께 있으매 어떤 사람도 너를 대적하여 해롭게 할 자가 없을 것이니 이는 이 성 중에 내 백성이 많음이니라"(행 18:9-10). 주위에 하나님이 예비하신 백성이 있고 우리가 전도할 때 그들이 복음을 듣고 예수님께 나아온다는 말씀은 참으로 우리에게 힘과 용기를 줍니다. 이 말씀을 기억하면 거부와 반대에 대한 두려움이 아니라, 기대와 설렘이 생깁니다. 내가 복음을 전하는 사람이 '혹시 하나님이 예비하신 사람이 아닐까' 하는 기대감에서 오는 설렘입니다. 이 기대와 설렘이 두려움보다 크고, 복음에 대한 반대보다 복음이 더 큰 힘을 가지고 있음을 확신하면 우리는 어떠한 상황 가운데서도 전도할 수 있습니다.

복음을 들은 사람이 지금 당장 즉시로 예수님을 믿지 않는다고 실망할 이유가 없습니다. 나중에 열매 맺는 경우가 많습니다. 제 실제 경험이기도 합니다. 선교지에서 1년 동안 복음을 전한 의대생이 있었습니다. 만날 때마다 전도했지만, 무슬림이었던 그는 복음을 받아들이지 않았습니다. 그가 의대를 졸업하고 군의관이 되어 간 이후에는 연락이 끊겼습니다. 저는 그를 잊고 있었습니다. 그런데 15년이 지나 그 친구가 교회의 장로가 되어 저를 찾아왔습니다. 복음을 전해 준 사람에게 감사를 전하려고 먼 거리를 여행해 한국 천안까지 찾아온 것입니다. 이것이 우리가 전도할 때 일어나는 일입니다. 당장 열매를 거두지 못해 실망하고 있습니까? 낙심하지 말고 전도하십시오. 그러면 복음의 영광을 보게 될 것입니다.

## 전도는 사명이자 특권

전도는 성도가 해야 할 사명이며 특권이기도 합니다. 하나님은 죄인을 구원하는 일에 우리를 부르셨습니다. 우리 주위에 예수님을 믿지 않는 많은 사람이 있습니다. 그들에게 복음을 전해야 합니다. 모든 사람이 복음을 듣도록 더 멀리 전도해야 합니다.

전도가 쉽지 않습니다. 주님도 그것을 잘 알고 계십니다. 방해가 있고 때로 자존심이 상하기도 합니다. 심한 반대에 부딪혀서 용기를 잃을 때도 있습니다. 그래도 낙심하지 말고 전도해야 합니다. 울며 씨를 뿌리는 자는 기쁨으로 단을 거둘 것입니다. 복음은 세상의 유일한 소망이며, 모든 믿는 자에게 구원을 주시는 하나님의 능력입니다. 우리가 전도할 때 하나님이 역사하십니다. 하나님께서 우리의 전도를 통하여 자기 백성을 불러 모으시고 그 이름에 합당한 영광과 찬양을 받으시도록 힘써 복음을 전하는 여러분이 되기를 바랍니다.

하나님은 모든 사람이

구원을 받으며

진리를 아는 데에

이르기를 원하시느니라

디모데전서 2장 4절

## • 정리 및 나눔을 위한 질문

1. 주님은 왜 우리에게 복음을 전하라고 명령하셨을까요?


2. 어떤 방법으로 전도해 본 적이 있습니까? 전도해서 예수님을 믿은 분이 있습니까?


3. 전도할 때 가장 힘든 점은 무엇이며, 그것을 어떻게 극복하고 있습니까?


4. 만일 전도하지 않고 있다면 이유가 무엇입니까? 전도하는 데 교회가 어떻게 도울 수 있겠습니까?

제3장
하나님께
합당하게 선교하라

# 요한삼서 1-12절

1 장로인 나는 사랑하는 가이오 곧 내가 참으로 사랑하는 자에게 편지하노라

2 사랑하는 자여 네 영혼이 잘됨 같이 네가 범사에 잘되고 강건하기를 내가 간구하노라

3 형제들이 와서 네게 있는 진리를 증언하되 네가 진리 안에서 행한다 하니 내가 심히 기뻐하노라

4 내가 내 자녀들이 진리 안에서 행한다 함을 듣는 것보다 더 기쁜 일이 없도다

5 사랑하는 자여 네가 무엇이든지 형제 곧 나그네 된 자들에게 행하는 것은 신실한 일이니

6 그들이 교회 앞에서 너의 사랑을 증언하였느니라 네가 하나님께 합당하게 그들을 전송하면 좋으리로다

7 이는 그들이 주의 이름을 위하여 나가서 이방인에게 아무 것도 받지 아니함이라

8 그러므로 우리가 이같은 자들을 영접하는 것이 마땅하니 이는 우리로 진리를 위하여 함께 일하는 자가 되게 하려 함이라

9 내가 두어 자를 교회에 썼으나 그들 중에 으뜸되기를 좋아하는 디오드레베가 우리를 맞아들이지 아니하니

10 그러므로 내가 가면 그 행한 일을 잊지 아니하리라 그가 악한 말로 우리를 비방하고도 오히려 부족하여 형제들을 맞아들이지도 아니하고 맞아들이고자 하는 자를 금하여 교회에서 내쫓는도다

11 사랑하는 자여 악한 것을 본받지 말고 선한 것을 본받으라 선을 행하는

자는 하나님께 속하고 악을 행하는 자는 하나님을 뵈옵지 못하였느니라
12 데메드리오는 뭇 사람에게도, 진리에게서도 증거를 받았으매 우리도
증언하노니 너는 우리의 증언이 참된 줄을 아느니라


## 선교: 제자들이 해야 할 본질적 사명


십자가에서 죽임당하시고 부활하신 예수님은 제자들을 만나 "아버지께서 나를 보내신 것처럼 나도 너희를 보내노라."라고 말씀하시고(요 20:21), 너희는 "온 천하에 다니며 만민에게 복음을 증거하라."고 명령하셨습니다(막 16:14-15). 그 후 예수님은 갈릴리에서 다시 제자들을 만나 대위임령으로 불리는 선교 사명을 맡기셨습니다(마 28:18-20). 그리고 40일 동안 제자들과 함께 계시면서 하나님 나라의 일을 말씀하시고 "성령이 너희에게 임하시면 너희가 권능을 받고 예루살렘과 온 유대와 사마리아와 땅 끝까지 이르러 내 증인이 되리라."라는 말씀을 남기시고 승천하셨습니다(행 1:8). 부활하신 예수님께서 40일 동안 제자들에게 여러 번, 반복해서 선교를 위임하시고 주지시키신 것은 제자들이 해야 할 본질적이고 가장 중

요한 사명이 선교이기 때문입니다.

이 명령은 당시 제자들에게만 주신 것이 아닙니다. 모든 교회에 주신 사명입니다. 복음을 받은 사람은 새 생명과 함께 그가 받은 복음을 다른 사람들에게 전하는 사명도 함께 받았습니다. 그리스도인이 되는 것과 복음의 증인이 되는 것은 나눌 수 없습니다. 복음을 받아 영생만 얻고 선교는 하지 않겠다는 그리스도인은 있을 수 없습니다. 주님의 선교 명령에 순종한 사람들 덕분에 우리도 복음을 듣고 예수님을 믿어 영생을 얻었습니다. 그리스도인에게 선교는 해도 되고 안 해도 되는 그런 선택 사항이 아닙니다. 필수 사명입니다. 우리는 선교해야 합니다.

그런데 예수님이 맡기신 사명에 순종하지 않는 교회와 성도들이 있습니다. 이들은 여러 가지 이유와 핑계를 대며 선교를 회피하려고 합니다. 어떤 교회는 '선교는 예수님께서 제자들에게 위임하신 사명이므로 우리와 관련이 없다'고 주장합니다. 어떤 교회는 현대 종교 다원주의 사회에서 십자가와 부활의 복음만이 구원에 이르는 유일한 길이라고 선포하는 것은 부적절하다고 말합니다. 어떤 교회는 자신들은 경제적인 여유가 없어 선교할 수 없다고 합니다. 그 외에 주님으로부터 선교의 부름을 받지 않았다거나, 선교에 은사가 없다는 등과 같은 여러 핑계와 이유를 대는 분들이 있습니다. 만일 모든 교회와 성도가 이러저러한 이유와 핑계를 대며 선교를 회피하지 않고, 주님의 말씀에 순종했더라면 어땠을까요? 아마도 세계의 복음화 상황은 훨씬 달라졌을 것입니다.

주님께서 명령하신 선교를 무시하거나 회피하는 교회와 성도들이 우리 시대에만 있는 것은 아닙니다. 이런 교회들은 항상 있었습니다. 사도 요한이 활동하던 초대 교회에도 있었습니다. 그래서 복음으로 세워진 교회는 선교해야 한다는 것을 다시 당부하시기 위해 주님은 사도 요한을 통해 요한삼서를 기록하게 하셨습니다. 요한삼서는 선교는 사도들에게만 맡기신 사명이라거나, 하나님이 부르신 특별한 사람이나 특별한 은사를 가진 사람들만 하는 것이라는 주장에 대해 반대합니다. 오히려 선교는 모든 교회와 모든 성도가 해야 할 사명이라고 말씀합니다. 그래서 저도 여러분이 교회에 주신 선교 사명을 재확인하고 선교에 더욱 힘쓰도록 요한삼서의 말씀을 전하고자 합니다.

초대 교회의 기록을 따르면, 이 편지를 기록할 당시 사도 요한은 에베소에 와서 복음을 전하고 있었습니다. 그는 90세를 넘긴 고령이었습니다. 다른 사도들은 모두 순교하고 요한만 남아 복음을 전하고 있었습니다. 사도는 고령의 몸에다 로마 당국의 박해까지 받았습니다. 하지만 복음의 열정은 조금도 식지 않았습니다. 사도는 복음을 전하고 제자들을 양성하여 선교사로 파송했습니다.

우리가 읽은 요한삼서에 선교와 선교사라는 말은 없습니다. 성경에 선교사라는 직분이나 명칭은 없습니다. 선교사라는 명칭은 후대에 만들어졌습니다. 교회가 복음 전파 사명(mission)을 부여하여 파송한 사람들을 missionary로 부르기 시작했고, 우리는 그 말을 선교사로 번역해 사용하고 있습니다. 초대 교회 때는 선교사를 5절에 나오는 "나그네"로 불렀습니다. 교회가 선교사를 나그네로 부른 것은, 교회가 파송한 선교사들이 나그네처럼 떠돌아다니며 복음을 전했기 때문입니다.

당시에는 오늘날과 같은 수준의 은행이나 송금 수단이 없었으므로 나그네 선교사들은 파송 교회의 지원을 언제나 받을 수 없었습니다. 그래서 나그네 선교사들은 복음을 전하던 지역이나 가까운 거리에 있는 교회를 찾아가 필요한 지원을 받았습니다. 복음을 전하던 마을 근처에 교회나 그리스도인이 없으면 선교사들은 주님의 말씀에 따라 그들을 기꺼이 영접하고자 하는 사람을 찾아 그 집에 머물며 평안을 빌어 주었습니다(마 10:11-12). 이것이 초대 교회가 선교를 수행하던 방법이었습니다. 복음을 전하는 지역의 교회가 지원하지 않으면 선교사들은 선교를 지속할 수 없었습니다.

사도 요한이 파송했던 선교사들이 돌아와 어떤 교회는 신실하게 지원했지만, 어떤 교회는 그들을 배척했다고 보고했습니다. 이 보고를 들은 사도 요한은 그대로 두고 볼 수 없었습니다. 교회들이 주님께서 위임하신 선교를 신실하게 수행하도록 편지를 보냈습니다. 모든 성경이 그렇듯이, 요한삼서도 일차적인 수신자뿐만 아니라 오늘날 우리 교회에 주시는 말씀입니다. 이 짧은 서신은 선교에 대한 세 가지 중요한 사실을 우리에게 말씀하고 있습니다.

## 교회는 선교해야 한다

요한삼서가 강조하는 첫 번째 말씀은 교회는 선교해야 한다는 것입니다. 8절 전반부에서 사도는 "우리가 이 같은 자들(선교사들)을 영접하는 것이 마땅하니"라고 말씀합니다. "마땅하다"라는 말은 반드시 해야 할 '사명'이라는 뜻입니다. 선교사를 파송하고 지원하는 것이 교회의 사명이라는 말씀입니다. 왜 선교사를 지원하는 것이 교회의 사명일까요? 사도는 그 이유를 두 가지로 제시하고 있습니다.

사도 요한은 첫 번째 이유를 7절 후반부에서 말씀합니다. "이는 그들이(선교사들이) 주의 이름으로 나가서 이방인에게 아무것도 받지 아니함이라." 선교사들을 지원하는 것이 교회의 사명인 이유는, 선교사는 복음 전하는 일에 전념하도록 보냄을 받았기 때문입니다. 선교사는 생계를 위해 대가를 받고 복음을 전하는 사람들이 아닙니다. 선교사는 돈을 받고 복음을 전하는 종교 강사나 선생이 아닙니다. 대가를 요구하고 복음을 전한다면 선교사가 종교를 파는 장사꾼으로 인식되어 복음의 문이 닫힙니다. 사도 바울은 그런 오해로 복음의 문이 막히지 않도록 자신과 동료들의 생계와 사역에 필요한 재정을 손수 마련했습니다(행 20:33-36). 선교사들은 무엇이든 가진 것을 복음을 위해 내어 주어야 합니다. 그런데 교회가 선교사에게 필요한 지원을 하지 않으면 어떻게 되겠습니까? 그러면 선교를 지속할 수 없습니다. 제가 선교지에 있을 때 여러 이유로 파송한 교회의 지원이 제대로 되지 않아 철수하는 선교사들을 보았습니다. 교회가 선교를 중단하는 것은 선교지 사람들에게만 아니라 복음에 큰 손실을 줍니다. 교회는 선교사를 파송하고 선교가 계속되도록 선교사를 지원해야 합니다. 이것은 교회가 마땅히 해야 할 사명입니다.

사도는 교회가 선교해야 할 두 번째 이유를 8절 후반에서 말씀합니다. 이는 "우리로 진리를 위하여 함께 일하는 자가 되게 하려 함"입니다. 주님은 사도들이나 선교사들에게만 아니라, 모든 성도에게 선교 사명을 주셨습니다. 그러나 주님은 우리 모두를 선교지로 가라고 말씀하지 않으십니다. 주님은 모든 성도가 "복음의 진리를 전하기 위해 함께 일하는 자"가 되어야 한다고 말씀합니다. 주님께서는 어떤 성도를 선교사로 부르십니다. 그런 분은 교회가 선교사로 파송해야 합니다. 주님은 또한 남은 성도들을 교회를 섬기며 기도와 물질의 지원을 통해 선교의 사명을 수행하도록 부르셨습니다. 선교로 부르시지 않은 성도는 아무도 없습니다. 어떤 성도는 "가는 선교사"로 부르시지만, 어떤 성도는 "보내는 선교사"로 부르셨습니다. 여러분 대부분은 기도와 물질로 선교사들과 함께 복음을 위해 일하는 "보내는 선교사"로 부름을 받았습니다. 가든지 보내든지, 방식만 다를 뿐 주님은 우리 모두를 선교로 부르셨습니다. 그래서 사도 요한은 성도들이 복음의 "진리를 위하여 함께 일하는 자" 즉 동역자로 부름을 받았다고 말씀하고 있습니다. 선교는 선교사들만의 사명이 아니라 우리 모두의 사명입니다. 선교는 선교사들만의 일이 아니라 우리 모두의 일입니다. 선교지에서 땀 흘리며 일하는 선교사들과 함께 우리는 이곳에서 복음을 전하고 교회를 섬기면서 선교사들을 지원하며 그들과 함께 선교해야 합니다. 이것이 모든 성도가 해야 할 선교 사명입니다.

지난 코로나 팬데믹 기간 동안 80명 이상의 한국인 선교사가 코로나에 감염되어 순직했습니다. 의료 상황이 열악한 선교지를 지키려다 가족 전부가 코로나 바이러스에 감염되어 생사의 갈림길에서 사경을 헤맨 분들도 많이 있었습니다. 140여 년 전 복음의 불모지였던 조선에 와서 자신의 생명을 걸고 복음을 전해 주었던 선교사들처럼 오늘도 선교사들은 복음을 위해 자신의 생명을 내어 주고 있습니다. 선교사들이 위험을 감수하며 선교지를 지키는 것은 예수 그리스도의 십자가와 부활의 복음을 전하기 위해서입니다. 우리가 파송한 선교사들이 복음을 전하려고 생명까지 내어놓고 고군분투하고 있다면, 우리도 최선을 다해 보내는 선교사들로서의 사명을 수행해야 하지 않겠습니까?

우리가 보내는 선교사로서 사명을 다하면 성령께서 복음의 역사를 일으키십니다. 네팔은 30년 전까지만 하더라고 복음에 닫혀 있는 나라였습니다. 30년 전에 네팔 국민 가운데 그리스도인은 몇백 명에 불과했습니다. 소수의 네팔 그리스도인들은 심한 박해를 받았습니다. 그 열악한 곳에 한국교회가 파송한 선교사들이 갔습니다. 그곳에서 인내하며 복음을 전했습니다. 그 결과 힌두교의 우상들을 숭배하던 수많은 사람이 예수님을 믿고 죄와 우상의 종노릇 하던 데서 자유를 얻어 참 하나님을 섬기고 있습니다. 네팔 교회는 아직 연약하지만, 그들이 받은 복음을 다른 민족에게 전하기 위해 선교사들을 파송하는 교회가 되었습니다. 이런 복음의 역사가 이슬람 사회를 비롯해 한국교회가 선교사를 파송한 세계 곳곳에서 일어나고 있습니다.

선교지에 이런 복음의 열매가 맺히고 있는 것은 선교사들과 이들을 파송한 교회 성도들이 함께 선교의 사명을 감당하고 있기 때문입니다. 가는 선교사와 보내는 선교사가 함께 선교하지 않으면 이런 열매를 얻을 수 없습니다. 땅 끝, 모든 민족에게 복음이 전파되도록 교회는 선교사들을 선발하여 파송하고 성도들은 보내는 선교사로서 사명을 수행해야 합니다. 여러분은 어떤 선교의 자리로 부름을 받았습니까? 주님께서 부르신 그 자리에서 선교에 헌신하시기 바랍니다.

## 하나님께 합당하게 선교해야 한다

그러면 우리가 어느 정도 선교에 헌신해야 할까요? 6절은 말씀합니다. "하나님에게 합당하게 그들을 전송하라." 이 말씀은 "하나님에게 합당하게 선교하라."라는 의미입니다. "하나님께 합당하게 선교하라."라는 말씀은 엄청난 헌신을 요구하는 말씀인 것 같습니다. 그러면 "하나님에게 합당한 선교"가 어느 정도일까요? 어느 정도 해야 하나님께서 합당하게 여기실까요? 이 말씀은 무리해 가면서, 다른 것은 하지 않고 오직 선교만 하라는 의미는 아닙니다. 이 말씀은 각자 형편에 맞게 마음을 다하여 하나님이 받으실 선교를 하라는 의미입니다. 이것이 요한삼서가 선교에 대해 알려 주는 두 번째 교훈입니다.

충분히 할 수 있는 여력이 있으면서도 하지 않거나, 마음에 없으면서 선교는 해야 한다고 하니 체면 때문에 하는 척하지 말라는 말씀입니다. 성도들 가운데 마음에 없으면서도 헌금으로 선교에 동참하시는 분들이 없지 않을 것입니다. 이런 분들은 선교지 상황이나 선교사와 사역에 관심이 없고 기도도 거의 하지 않습니다. 이런 분을 선교의 동역자라고 부를 수 있을까요? 선교가 중요하다고 말은 하면서도 선교하는 데 인색한 분들도 있습니다. 이런 성도들을 하나님께서 합당하게 보실까요? "하나님께 합당하게 선교하라."라는 말씀에는 선교사에 대한 격려와 관심, 선교지를 위한 기도가 포함되어 있습니다. 어떤 분들은 선교를 위한 헌금은 드리는데 선교사와 선교지에서 일어나는 일에는 관심이 없습니다. 선교를 위한 기도도 거의 하지 않습니다. 하나님이 이런 분들의 선교를 기뻐하며 받으실까요? 이렇게 하는 선교가 좋은 열매를 거둘 수 있을까요? 여러분은 어떻습니까? 하나님께 합당하게 선교하고 있습니까? 이 말씀에 자신을 비추어 보시기 바랍니다. 우리를 구원하기 위해 독생자 예수 그리스도를 아끼지 않고 내어 주신 하나님이 복음을 전하자고 부르시는데, 하나님께 합당하게 응답해야 하지 않겠습니까?

## 선교하는 교회가 복을 받는다

하나님은 하나님께 합당하게 선교하는 교회와 성도들을 기뻐하시고 복을 주십니다. 요한삼서가 세 번째로 주는 선교에 대한 교훈입니다. 사도 요한은 서신의 서두에서 수신자인 가이오를 축복하고 있습니다. "사랑하는 자여 네 영혼이 잘됨 같이 네가 범사에 잘되고 강건하기를 내가 간구하노라." 사도 요한은 하나님께서 가이오에게 영혼이 기쁨을 누리는 복과 생업의 복과 육체적인 복을 내려 주시기를 축복하고 있습니다. 사도 요한께서 가이오와 그가 목회하는 교회에 이러한 축복을 하는 것은 편지의 서두에서 일상적으로 하는 인사치레가 아닙니다.

사도 요한은 예수님의 말씀에 따라 가이오를 축복하고 있습니다. 예수님은 열두 제자를 훈련하시면서 한 번은 그들을 나그네 선교사로 보내셨습니다. 그런데 아무것도 가지지 말고 가라고 명령하셨습니다. 그러면서 말씀하셨습니다. "너희를 영접하는 자는 나를 영접하는 것이요 나를 영접하는 자는 나를 보내신 이를 영접하는 것이니라. 누구든지 이 작은 자 중 하나에게 냉수 한 그릇이라도 주는 자는 내가 진실로 너희에게 이르노니 그 사람이 결단코 상을 잃지 아니하리라"(마 10:40-42).

주님은 선교사를 영접하는 자는 그를 보내신 주님과 주님을 보내신 하나님을 영접한 것과 같고, 그런 사람은 그에 합당한 상을 받게 될 것이라 말씀하셨습니다. 사도는 주님께서 약속하신 이 말씀에 따라 가이오를 축복하고 있습니다. 주님이 약속하신 대로 하나님은 선교하는 교회와 성도를 기뻐하시며 풍성한 복을 내려 주십니다. 하나님께 합당하게 선교하는 교회와 성도들은 그에 합당한 복을 누립니다. 선교하는 교회가 복을 받아 부흥한다는 것은 빈

말이 아닙니다. 하나님은 선교하는 교회와 성도에게 복을 주셔서 받은 복으로 더욱 왕성하게 선교하도록 하십니다.

선교하지 않는 교회나 성도는 그렇지 않습니다. 사도는 9-10절에서 '디오드레베'라는 한 사람과 그가 목회하는 교회를 언급하고 있습니다. "으뜸 되기를 좋아하는 자"(9절)라고 불리는 디오드레베는 근거 없는 악한 말로 사도와 그가 파송한 선교사들을 비방하고, 선교사를 맞아들이는 성도들을 교회에서 내쫓는 악을 일삼았습니다. 디오드레베는 주님이 세우신 교회의 지도자였으면서도 선교가 자신을 높이는 데 아무런 이익이 되지 않는다고 생각했습니다. 그래서 선교를 금지하고 선교하는 성도들을 교회에서 쫓아내는 악한 행동을 했습니다. 11절에서 사도는 이런 사람을 가리켜 "하나님을 뵈옵지 못한 자"라고 말합니다. 교회의 지도자가 되었지만 하나님을 알지 못하고, 중생하지 못한 사람입니다. 이런 지도자가 이끄는 교회는 선교하지 않습니다. 이런 사람은 하나님의 교회를 오직 자신들의 관심사만 추구하는 집단으로 만듭니다. 교회라는 이름은 가졌지만 선교하지 않는 이런 모임에 하나님은 함께하지 않으십니다. 이런 선교하지 않는 교회는 성령이 떠나실 것입니다. 영적으로 메말라 쇠락해져 결국 사라질 것입니다.

저는 서구 여러 곳에서 현대판 디오드레베와 그런 사람이 이끄는 교회들을 보았습니다. 서구 교회가 침체하고 쇠락해 가는 것은 복음 전도와 선교를 금기시하기 때문입니다. 그 배후에는 자유주의 신학이 있는데, 우리 주위에도 이런 자유주의 신학을 따르는 교회들이 생겨나고 있습니다. 선교에는 관심이 없고 자기들의 관심사에만 집중하는 교회가 있습니다. 사도 요한은 우리가 이러한 교회를 본받지 말고 선교하는 교회를 본받으라고 말씀합니다. "사랑하는 자여 악한 것을 본받지 말고 선한 것을 본받으라"(11절). 여러분들은 선교는 하지 않으면서, 외형이나 다른 것을 자랑하는 교회를 부러워하거나 본받지 말기 바랍니다. 교회의 역사가 보여주듯 그 길은 파산으로 가는 길입니다. 그러나 선교하는 길은 하늘과 땅에 속한 모든 신령한 복을 받아 누리고 그 복을 열방에 나누어 주는 흥왕하는 길입니다. 하나님께 합당하게 선교하여 하나님이 내리시는 복을 받아 더욱 왕성하게 선교하는 교회, 주위 교회들이 본받아 선교하게 만드는 그런 교회가 되기를 바랍니다.

## 선교는 하나님이 주신 특권이다

성부 하나님은 세상을 구원하시기 위해 성자 예수님을 보내셨습니다. 예수님은 성부의 보내심에 순종하여 이 땅에 오셔서 우리를 대신해 십자가에 달려 죽으시고 죄와 죽음의 권세를 이기시고 부활하셨습니다. 누구든지 복음을 듣고 회개하고 예수님을 믿는 자는 새사람이 되어 영생을 누립니다. 예수님은 교회가 구속의 역사를 이어 가도록 이 놀랍고 영광스러운 구원 사역을 위임하셨습니다. "아버지께서 나를 보내신 것 같이 나도 너희를 보내노라"(요 20:21).

선교는 주님이 우리에게 지우신 짐이 아니라, 하나님이 구속 역사를 이루어 가도록 부르시고 위임하신 특권입니다. 선교는 복음을 받고 구원받은 성도와 복음의 능력으로 세워진 교회가 마땅히 해야 할 사명입니다. 하나님께 합당하게 선교하여, 구원 역사의 도구로 쓰임 받고 선교하는 교회에 약속하신 복을 풍성히 누리는 여러분이 되기를 바랍니다.

## • 정리 및 나눔을 위한 질문

1. 선교라는 말을 들었을 때 처음 떠오르는 생각은 무엇입니까?

2. 부활하신 예수님이 승천하실 때까지 제자들에게 여러 번 반복해서 선교를 명령하신 이유가 무엇이라고 생각합니까?

3. 사도 요한이 말씀하고 있는, 교회가 파송한 선교사를 지원해야 하는 두 가지 이유는 무엇입니까?

4. 주님께서 내게 맡기신 선교는 무엇이라고 생각합니까? 주님께서 내게 맡기신 선교를 "하나님께 합당하게" 하고 있다고 생각합니까?

# 제4장
# 헤아릴 수 없는
# 하나님의 사랑

## 요한복음 3장 16-17절

16 하나님이 세상을 이처럼 사랑하사 독생자를 주셨으니 이는 그를 믿는 자마다 멸망하지 않고 영생을 얻게 하려 하심이라
17 하나님이 그 아들을 세상에 보내신 것은 세상을 심판하려 하심이 아니요 그로 말미암아 세상이 구원을 받게 하려 하심이라

## 사람에게 가장 중요한 것

사람에게 가장 중요한 것은 무엇일까요? 사람마다 천차만별인지라 여러 가지 대답이 나올 것입니다. 하지만 사람에게 가장 소중한 것은 생명, 그것도 일시적으로 지속되는 육체적 생명이 아니라 풍성하면서도 영원한 생명이라는 것을 부인할 사람은 아무도 없을 것입니다. 흥미로운 건 사람들이 그토록 영생을 갈망하면서도 죽음이 끝이라고 생각합니다. 그래서 영생에 대한 소망과 기대를 접고 포기한 채로 살아갑니다. 이런 사람들은 이 땅을 사는 동안 기쁨과 위로를 얻으려 하지만, 일평생 죽음의 두려움에 지배받습

니다(히 2:15).

하지만 성경은 죽음이 끝이 아니라고 말합니다. 하나님과 성경을 믿지 않는 사람들은 부정하고 인정하지 않으려 하지만, 생명을 주신 하나님의 공의롭고 엄중한 심판이 죽음 이후에 기다리고 있습니다. 죽음도 두려운데 그 이후 있을 심판은 얼마나 더 크고 무서울까요? 이 크고 두려운 심판에서는 어떻게 벗어날 수 있을까요? 오직 영생으로만 가능합니다. 영원한 생명을 얻으면, 인생의 허무와 죽음의 공포에서 벗어나 하나님과 영원히 함께하는 즐겁고 풍성한 삶을 누릴 수 있습니다. 그러면 이 영원한 생명을 어떻게 얻을 수 있을까요? 이것은 중요한 질문이 아닐 수 없습니다.

요한복음 3장을 보면 어느 날 유대인의 지도자이며 이스라엘의 선생이었던 니고데모라는 사람이 예수님을 찾아왔습니다(요 3:1). 그는 유대인 최고 통치 기구인 산헤드린 공회의 일원이요(요 7:50-51) 종교지도자였습니다. 그런 니고데모가 예수님이 행하시는 표적들을 눈여겨보고 있다가 어느 날 밤 예수님을 찾아왔습니다. 니고데모가 예수님을 찾아온 것은 그가 영적인 갈증을 느끼고 있었기 때문일 것입니다. 니고데모는 예수님께 "선생님이 행하시는 표적을 보니 선생님은 하나님께로부터 오신 분이 분명합니다."라고 말했습니다. 그런데 예수님은 니고데모의 말에 응답하지 않으시고, 곧장 "사람이 거듭나지 못하면 하나님 나라를 보지 못한다."라고 말씀하셨습니다. 니고데모에게 필요한 것이 거듭남과 영생이라는 것을 알고 계셨기 때문입니다. 이 말씀을 들은 니고데모는 놀랐습니다. 바리새인이며 이스라엘의 선생이었던 그는 다른 어떤 사람보다 하나님 나라에 들어갈 자격이 있다고 생각했을 것입니다. 만일 부족한 것이 있다면, 관점이나 행동 정도만 바꾸면 된다고 생각했을 것입니다. 그런데 예수님은 행동이나 관점의 변화가 아니라 '다시 태어나야 한다'고 말씀하셨습니다. 당신이 종교지도자이며 이스라엘의 선생이라 할지라도 다시 태어나지 않으면 영생을 얻어 하나님 나라에 들어가지 못한다고 말씀하셨습니다. 그러자 놀란 니고데모가 질문했습니다. "사람이 어떻게 다시 태어날 수 있습니까? 그것이 가능합니까?"

예수님은 니고데모에게만 아니라 모든 사람이 들어야 할 영생과 영생을 얻는 길에 대한 진리를 알려 주셨습니다. 그것은 십자가에 달리실 인자, 십자가에 달리실 예수 그리스도를 믿는 자들은 성령에 의해 새로운 생명을 얻어 영생을 소유하게 된다는 말씀이 있습니다(요 3:14-15). 그러고 나서 예수님을 믿으면 멸망하지 않고 영원한 생명을 얻게 되는 이유를 말씀하셨습니다. "(왜냐하면) 하나님이 세상을 이처럼 사랑하사 독생자를 주셨으니 이는 그를 믿는 자마다 멸망하지 않고 영생을 얻게 하려 하심이라 하나님이 그 아들을 세상에 보내신 것은 세상을 심판하려 하심이 아니요 그로 말미암아 세상이 구원을 받게 하려 하심이라"(요 3:16-17).

　　이 말씀은 "복음 중의 복음"으로 불립니다. 그 이유는 이 말씀이 창세기에서 요한계시록까지 성경 전체의 진리와 복된 소식을 요약하고 있기 때문입니다. 창세기부터 요한계시록까지 성경 전체가 말씀하는 것은 하나님께서 자신이 창조하신 세상을 사랑하시며, 사랑하는 세상을 위해 독생자를 주셨으며, 하나님이 보내신 독생자 예수 그리스도를 믿는 사람은 누구든지 멸망하지 않고 영생을 얻는다는 소식입니다. 죄와 죽음의 비참함을 안고 살아가는 인간에게 이보다 더 기쁜 소식은 없습니다. 복음 중의 복음이 알려 주는 이 기쁜 소식을 차례대로 살펴보겠습니다.

## 하나님은 세상을 사랑하십니다

하나님이 자신을 미워하고 대적하는 세상을 사랑하신다는 말씀은 놀랍고 충격적입니다. 하나님의 사랑을 받을 만한 자격이 있는 사람은 이 세상에 아무도 없습니다. 모든 사람은 죄를 지어 하나님의 영광에 이르지 못하고(롬 3:23), 의인은 하나도 없기 때문입니다(롬 3:10). 세상의 모습을 보면 하나님의 사랑이 아니라 진노를 받아야 마땅하다는 생각이 절로 듭니다. 그런데 하나님으로부터 온 예수님은 하나님께서 이런 세상을, 이런 인간을 미워하지 않고 사랑하신다고 알려 주셨습니다.

하나님이 자신에게 등을 돌리고, 끊임없이 하나님을 대적하는 세상을 사랑하시는 이유가 무엇일까요? 무엇 때문에 이 문제 많고 희망이 없어 보이는 세상을 여전히 사랑하실까요? 성경은 그 이유가 하나님은 사랑이시기 때문이라고 말씀합니다(요일 4:8). 삼위 하나님은 서로를 사랑하는 하나님이십니다. 성부 하나님은 만물을 창조하기 전부터 영원한 아버지셨고 성자 예수님을 사랑하십니다. 성자 예수님도 성부 하나님을 사랑하십니다(요 14:31). 성령도 성부와 성자를 사랑하십니다. 삼위일체 가운데 영원 전부터 성자와 성령을 사랑하시는 성부 하나님은 본질적으로 생명을 주시고 사귐을 주시는 분입니다.

가끔, "하나님이 왜 세상을 창조하셨을까요?" "하나님은 왜 사람을 자기의 형상대로 만드셨을까요?" "하나님은 왜 나를 만드셨을까요?" 하는 질문을 받습니다. 성경이 이 질문에 대해 직접 답하지 않고 있어 정확한 답을 하기 어렵지만, "하나님은 자신의 사랑을 나누어 주시고 드러내시기 위해 세상을 창조하셨다."라는 대답이 가장 적절할 것 같습니다. 세상을 창조하시기 전에도, 독생자를 보내시기 전에도 하나님은 사랑이셨습니다. 하나님은 사람을 자신의 형상대로, 하나님의 사랑을 받고 하나님을 사랑하도록 창조하셨습니다. 사람은 하나님의 사랑을 앎으로써 하나님을 사랑하고 교제하며 하나님을 닮아가도록 지음을 받은 존재입니다. 이것이 하나님과 그분이 만드신 사람 사이에 관계의 출발점입니다.

하지만 사람이 하나님께 반역하고 하나님께 등을 돌려 버렸습니다. 타락한 인간의 마음은 어두워져 하나님보다 자기를 사랑하고, 짐승이나 사물을 하나님의 자리로 올려 숭배하고, 죄와 사탄의 종노릇하기를 즐거워하는 존재로 전락해 버렸습니다(롬 1:20-23). 이 세상의 꼴을 보십시오. 인간은 끊임없이 하나님께 반역하고 있습니다. 인간은 하나님이 아니라 자기를 자랑하고 똑똑한 척하며 교만을 떨고 있습니다. 자신이 얼마나 어리석은지 모른 채 말입니다. 하나님을 배반하고 떠난 인간에게 죄가 왕 노릇을 하고 있습니다(롬 5:21). 인간은 흑암의 권세에 지배당하고 있습니다(골 1:13). 하나님이 그냥 가만히 내버려두시기만 해도 인간은 세상을 지옥으로 만들고 스스로 파멸하게 될 것입니다. 이런 세상은 하나님의 사랑이 아니라 엄중하고 공의로운 심판을 받아야 마땅합니다. 그런데 하나님께서 세상을 파멸시키지 않으시고 독생자 예수님을 세상에 보내심으로 자신의 사랑을 나타내셨습니다(요일 4:9). 하나님께서 성자를 보내신 것은 성자 예수님을 사랑하신 그 사랑이 우리 안에 있게 하기 위함입니다(요 17:24-26). 성자 예수님도 우리를 사랑하십니다(요 15:9).

하나님은 삼위 안에서 서로를 사랑하시는 사랑과 서로를 통해 누리시는 즐거움으로 사람들을 다시 부르셔서 그 삶에 참여하도록 하기 위해 예수님을 보내셨습니다. 그래서 누구든지 하나님의 사랑을 받아 예수님을 믿고 새롭게 태어난 사람은 하나님을 닮아 하나님을 사랑하고 다른 사람들을 사랑하는 존재로 변해갑니다. 하나님이 보내신 예수님을 믿고 성령으로 새롭게 태어난 사람은 사랑의 열매를 맺고 다른 사람들에게 생명과 기쁨을 나누어 줍니다.

하나님이 세상을 사랑하십니다. 하나님의 사랑을 받아들인 사람도 하나님을 사랑하고 하나님을 닮아 다른 사람들을 사랑하게 됩니다. 이 얼마나 복되고 좋은 소식입니까? 하나님의 사랑을 받아 영원한 새 생명을 받아 누리고 있는 우리가 할 수 있는 유일한 일은 하나님의 사랑을 찬송하고 자랑하고 전하는 것입니다.


## 하나님은 세상을 강렬하게 사랑하십니다


하나님께서 세상과 인간을 미워하다가 변덕스럽게 어느 날 갑자기 인간을 사랑하셔서 독생자를 보내신 것이 아닙니다. 하나님은 세상을 창조하신 그 순간부터 변함없이 인간을 사랑하고 계십니다. 우리의 시조 아담이 죄를 짓고 타락하여 하나님을 떠나 비참한 상태에 빠졌을 때도 하나님은 그를 사랑하셨습니다. 하나님은 자기 형상대로 지으신 인간을 사랑하셔서 여자의 후손, 즉 독생자 예수 그리스도를 보내셔서 사탄의 권세를 깨고 세상을 구원하리라는 약속을 아담과 하와에게 주셨습니다(창 3:15). 노아 홍수 후에 인간들이 하나님께 돌아오지 않고 바벨에서 탑을 쌓아 하나님께 반역했을 때도 하나님은 그들을 사랑하셨습니다. 하나님은 세상을 버리지 않으시고 아브라함을 부르셔서 네 씨, 즉 그리스도로 말미암아 천하 만민에게 복을 주실 것이라고 약속하셨습니다(창 12:1-3; 22:18). 하나님은 이스라엘을 선택하시고 자기 백성으로 삼으셔서 천하 만민을 구원하고 복 주는 일을 계속하셨습니다(출 19:5-6).

예수님은 제자들에게 "(구약 성경 전체에) 그리스도가 고난을 받고 제삼일에 죽은 자 가운데서 살아날 것과 또 그의 이름으로 죄 사함을 받게 하는 회개가 예루살렘에서 시작하여 모든 족속에게 전파될 것이 기록되었다."라고 하셨습니다(눅 24:44-47). 성경 전체가 구속 사역을 통해 세상을 구원하고자 하는 하나님의 사랑을 드러

내고 있습니다. 주신 율법과 절기와 성전, 선지자들의 예언 모두는 인간을 구속하고자 하시는 하나님의 사랑을 드러냅니다. 하나님의 사랑은 인간의 행동에 따라 변하지 않았습니다. 하나님의 사랑은 불변하고 끈질기고 변함없었습니다. 하나님이 구원의 도구로 부르신 언약의 자손(이스라엘)이 하나님의 사랑스런 손길을 뿌리치고 우상으로 달려갈 때도 하나님은 변함이 없으셨습니다. 때로 그들을 매로 치기도 하시고 돌아오라 간청도 하시면서 끈질기게 사랑하셨습니다.

하나님의 사랑은 끈질길 뿐만 아니라 강렬합니다. 세상을 향한 성부 하나님의 사랑은 독생자를 내어 주시기까지 강렬합니다 (요일 4:9). 하나님은 자신의 전능한 힘으로 세상을 멸절하지 않으셨습니다. 대신 독생자를 인간의 몸으로 보내셨습니다. 어떤 사람은 "하나님은 사랑에 눈이 머셨다."라고 했습니다. 또 어떤 사람은 하나님을 "탕부 하나님"이라고 부르기도 했습니다. 정말 하나님은 끈질기게 사랑하시는 분입니다. 생명을 주신 자기를 향해 반역하고 미워하는 비천한 인간을 위해 독생자를 주시고 십자가에 달리게 하시다니! 우리는 이런 하나님의 사랑을 다 이해하고 헤아릴 수 없습니다. 하늘을 두루마리 삼고 바다를 먹물 삼아도 하나님의 사랑을 다 기록할 수 없습니다.

성자 예수님도 미천한 인간에게 최고의 사랑을 베풀어 주셨습니다(요 15:13). 성자 예수님은 성부의 뜻에 따라 비천한 한 인간의 몸으로 오셨습니다. 하나님과 동등한 본체를 가지신 예수님께서 자기를 비워 인간으로 오셨습니다. 존귀하신 예수님이 자기를 비우고 낮추어 그렇게 한 것은 인간 스스로 죄와 사망을 이기고 구원을 얻을 능력이 없기 때문입니다. 인간은 그 어떤 노력이나 방법을 통해서 죽음을 이기고 영생을 얻어 하나님께 나아갈 수 없습니다. 인간은 전적으로 타락했고, 전적으로 무능합니다. 그러므로 성자 하나님께서 인간을 위해 세상에 오신 것입니다.

성자 예수님은 그를 믿는 자를 하늘의 자리로 높이기 위해 친히 가장 비천한 자리까지 자신을 낮추셨습니다. 예수님은 그를 믿는 자를 부유하게 하기 위해 친히 가난하게 되셨습니다. 예수님은 그를 믿는 죄인이 의롭게 여김을 받도록 친히 죄인의 자리로 가셔서 심판을 받으셨습니다. 예수님은 그를 믿는 자를 살리기 위해 친히 죽임당하셨습니다. 예수님이 부활하셔서 죽음과 사탄의 권세를 정복하시고 그를 믿는 자가 영생을 얻게 하셨습니다.

하나님은 독생자를 내어 주기까지 우리를 사랑하십니다. 예수님은 자기의 신성을 비우고 죽임을 당하기까지 세상을 사랑하십니다. 문 앞에 서서 집나간 자녀가 돌아오기를 기다리는 부모처럼, 하나님의 사랑은 강렬하고 끈질깁니다. 한 죄인이 예수님을 믿고 하나님께 돌아올 때 하늘의 천군 천사와 함께 기뻐하십니다(눅 15:10). 하나님의 사랑은 한량없고 그 무엇과도 비교할 수 없습니다. 하나님의 이런 사랑을 받아 누리는 사람은 하나님을 찬양하고, 한없이 넓고 깊은 그 사랑을 주위 모든 사람에게 자랑하고 전하지 않을 수 없습니다.

## 하나님의 사랑을 믿고
## 받아들이는 자는 구원을 얻습니다

하나님이 독생자를 주신 것은 세상을 심판하시기 위해서가 아니라 구원하시기 위해서입니다(요 3:17). 하나님은 인간이 구원받아 새 생명을 얻는 데 필요한 모든 것을 예수 그리스도 안에서 이루셨습니다. 하나님은 모든 사람이 구원을 받으며 진리를 아는 데 이르기를 원하십니다(딤전 2:4). 하나님은 아무리 사악한 죄인이라도 멸망하는 것을 기뻐하지 않으십니다. 하나님은 모든 사람을 사랑하시고, 예수 그리스도를 믿어 구원받기를 원하십니다. 하나님이 주신 구원의 길인 예수 그리스도를 믿고 따르기만 하면 누구든 죄 사함을 받고 거듭나 영생을 얻게 됩니다. 사도 바울을 비롯해 수많은 전도자, 선교사가 온갖 어려움과 위험과 수난을 감수하고 예수님의 십자가와 부활을 전한 것은 이런 하나님의 사랑을 알았기 때문입니다.

하지만 하나님은 강압이나 강제적으로 자신의 사랑을 받아들이라고 강요하지 않으십니다. 강요나 강제는 참된 사랑이 아니기 때문입니다. 참된 사랑은 강요하지 않습니다. 하나님은 독생자 예수님을 보내셔서 세상을 향한 자신의 사랑을 보여주셨습니다. 하나님은 모든 사람이 예수님을 믿어 구원을 얻고 하나님께 나아 올 수 있는 길을 열어 주셨습니다. 하나님은 두 팔을 활짝 펴고 사람들이 하나님께 나아오기를 기다리고 계십니다. 어떤 사람이든 상관

없습니다. 아무리 흉악한 죄인이라도 상관없습니다.

하나님의 사랑을 받아들여 십자가에 달리신 그리스도를 믿는 사람은 성령으로 거듭나 새 생명, 영생을 얻습니다. 하나님은 예수님을 믿는 사람을 죽음에서 생명으로 옮기십니다(요일 3:14). 누구든지 예수 그리스도를 믿어 그분 안에 있으면 새로운 피조물이 됩니다(고후 5:17). 예수님 안에 있는 사람은 하나님의 사랑에 참여하며 풍성한 영생을 누립니다. 영생은 죽음 후 얻게 되는 생명만을 의미하지 않습니다. 예수님이 말씀하신 영생은 예수님을 믿을 때 이미 얻으며, 육신의 부활 이후로는 영원히 지속되는 새롭고 풍성한 생명입니다. 영생을 얻은 사람은 성령을 받아 미래에 속한 생명의 역동성과 풍성함의 한 부분을 현재, 지금 여기서 누립니다. 마치 마른 가지가 살아있는 줄기에 접붙임을 받으면 새싹이 나고 꽃을 피우는 것과 같습니다. 예수님께서 사마리아 여인에게 "내가 주는 물은 그 속에서 영생하도록 솟아나는 샘물이 되리라."라고 말씀하신 것이 바로 이 의미입니다(요 4:14). 하나님은 모든 사람이 하나님의 사랑을 자유롭게 받아들여 예수님을 믿고 중생하여 즉시로 새 생명을 누리기를 원하십니다.

이렇게 기쁘고 복된 소식이 주어졌음에도 안타까운 일은 이어집니다. 하나님께서 크신 사랑을 베풀어 주셨음에도 계속 어둠을 사랑하고 예수님을 미워하며 악을 행하는 어리석은 사람들이 있습니다. 그들은 사탄과 죄와 비참한 죽음의 종살이에서 벗어나지 못합니다. 그들은 하나님의 심판에서 벗어나지 못합니다(요 3:18). 하나님의 사랑을 끝까지 거부하며 어둠에 거하기를 고집하는 사람은 영생을 얻지 못합니다. 그런 사람은 이 땅에서 어둠의 종으로 살아가며 하나님의 진노 아래 있습니다(요 3:36). 하나님의 사랑을 거부하고 예수님을 믿지 않는 자들에게 예수님의 구원 사역은 심판의 수단이 됩니다. 예수님의 재림은 믿는 자들에게는 그들의 구원이 완성되는 날이지만 하나님의 사랑을 거부하는 자들에게는 심판의 날이 됩니다.

그러나 우리는 기억해야 합니다. 하나님은 심판을 기뻐하지 않으십니다. 하나님은 그 어떤 사람도 하나님의 사랑을 알지 못하고 계속 죄와 어둠의 종으로 살아가길 원하지 않으십니다. 하나님이 진정으로 원하시는 것은 모든 사람이 독생자 예수 그리스도를 믿고 영생을 얻는 것입니다. 하나님은 먼저 믿은 우리만을 위해서가 아니라, 세계 모든 나라, 이 땅의 모든 사람을 구원하기 위해 독생자를 보내셨습니다. 그러므로 먼저 예수님을 믿어 영생을 얻은 우리는 아직 하나님의 사랑을 모르는 사람들에게 하나님의 사랑을 쉬지 않고 알리고 전해야 합니다. 그렇게 하지 않는 것은 하나님의 사랑을 거부하는 만큼이나 하나님의 마음을 아프게 하는 것입니다.


## 하나님의 사랑을 전합시다


"하나님이 세상을 이처럼 사랑하사 독생자를 주셨으니 이는 그를 믿는 자마다 멸망하지 않고 영생을 얻게 하게 하심이라." 하나님은 정말 사랑에 눈이 머셨습니다. 자신이 만드시고 생명을 주셨지만 반역하고 돌아서서 하나님을 미워하는 세상을 사랑하셔서 독생자까지 내어 주시다니! 이토록 하나님을 대적하는 악한 세상을 사랑하시다니! 어둠 속에서 죄와 사탄과 죽음의 종으로 살아가다 영원한 멸망에 처할 운명에 놓인 인간을 이토록 사랑하시다니!

하나님의 사랑을 받아들여 예수님을 믿은 사람은 누구든 예수님 안에 있는 영생을 누립니다. 사랑이 한량없으신 하나님은 예수님을 믿는 자들을 구원하실 뿐 아니라, 그 한량없는 사랑으로 풍성한 생명, 영원한 생명을 부어 주십니다. 그래서 예수님을 믿어 영생을 얻은 사람은 하나님의 사랑을 받고 하나님을 사랑하며 모든 사람에게 하나님의 사랑을 나누어 주는 풍성한 생명을 누립니다 (요 10:10). 하나님의 이 놀라운 사랑을 받았으니, 우리도 그 사랑을 온 세상, 모든 사람에게 나누고 전해야 합니다. 모든 사람이 하나님의 그 사랑을 알고 하나님께 나아오도록 말입니다.

## • 정리 및 나눔을 위한 질문

1. 하나님은 왜 세상을 미워하지 않고 사랑하실까요?

2. 하나님이 세상을 사랑하신다는 것을 어떻게 알 수 있을까요?

3. 예수님은 성경 전체를 두 가지로 요약하셨는데, 무엇입니까?

4. 하나님의 사랑을 알지 못하거나, 거부하는 자들에게 어떻게 하나님의 사랑을 알리고 보여줄 수 있을까요?

제5장
세상으로
파송 받은 교회

## 요한복음 20장 19-23절

19 이 날 곧 안식 후 첫날 저녁 때에 제자들이 유대인들을 두려워하여 모인 곳의 문들을 닫았더니 예수께서 오사 가운데 서서 이르시되 너희에게 평강이 있을지어다

20 이 말씀을 하시고 손과 옆구리를 보이시니 제자들이 주를 보고 기뻐하더라

21 예수께서 또 이르시되 너희에게 평강이 있을지어다 아버지께서 나를 보내신 것 같이 나도 너희를 보내노라

22 이 말씀을 하시고 그들을 향하사 숨을 내쉬며 이르시되 성령을 받으라

23 너희가 누구의 죄든지 사하면 사하여질 것이요 누구의 죄든지 그대로 두면 그대로 있으리라 하시니라


## 너희에게 평강이 있을지어다

예수님께서 십자가에 달려 죽임을 당하시자 제자들은 유대인들이 자기들도 죽일 것이라는 두려움에 사로잡혔습니다. 공포에 사로잡힌 제자들은 유대인들의 눈을 피해 한곳에 모여서 문을 굳게 닫고 숨어 있었습니다. 그들은 안식 후 첫날 아침에 베드로와 요

한이 예수님의 시신이 사라진 빈 무덤을 보았고, 천사들이 마리아에게 예수님께서 부활하셨다고 알려 주었다는 말을 전해 들었습니다. 그럼에도 불안은 사라지지 않았습니다. 제자들의 마음은 혼란스러웠고, 예수님께서 부활하셨다는 말을 믿지 못했습니다.

그때 놀라운 일이 일어났습니다. 굳게 닫힌 문을 열지도 않으시고, 갑자기 예수님께서 찾아오셔서 그들 가운데 서셨습니다. 제자들은 두렵고 놀라 어찌할 바를 몰라 했습니다. 어떤 제자들은 예수님의 영이 나타났다고 생각했습니다(눅 24:37). 예수님은 두려움과 놀라움으로 혼란스러워하는 제자들에게 인사를 건네셨습니다. "너희에게 평강이 있을지어다." 이 말씀을 하시고 못과 창에 찔렸던 손과 옆구리를 보여주셨습니다. 예수님은 제자들에게 자신이 실제 몸으로 부활하셨음을 보여주신 것입니다. 제자들이 예수님의 못 박혔던 손과 창에 찔렸던 옆구리를 보자 두려움이 사라지고 기뻐했습니다(요 20:20). 기뻐하는 제자들에게 예수님은 다시 한 번 말씀하셨습니다. "너희에게 평강이 있을지어다."

예수님이 하신 "너희에게 평강이 있을지어다."라는 말씀은 단순히 인사치레로 하신 말씀이 아닙니다. 예수님을 버렸다는 죄책

감과 두려움에 사로잡혀 있는 제자들을 안심시키기 위한 위로의 말씀도 아닙니다. 예수님이 주신 평화는 마음의 안정 이상의 무엇입니다. 예수님이 제자들에게 주신 평화는 "세상이 알 수도 없고 줄 수도 없는" 평화였습니다(요 14:27). 이 평화는 십자가로써 하나님과 인간 사이에 놓여 있던 막힌 담을 허무신 예수님만이 주실 수 있는 평화입니다. 이 평화는 하나님이 은혜로 얻게 된 예수님 안에서 누리는 하나님과의 평화이며, 이를 바탕으로 다른 사람과 관계에서 누리는 평화이며, 또한 자기 자신과 화해함으로써 누리는 내면의 평화입니다. 이처럼 예수님은 세상이 알지 못하는 이 하늘의 평화를 주시려고 세상에 오셨습니다. 그리고 부활하신 후 제일 먼저 제자들에게 선물로 주셨습니다.

## 교회를 세상으로 파송하신 예수님

제자들에게 평화를 주신 후 예수님은 그들에게 해야 할 사명을 주셨습니다. "아버지께서 나를 보내신 것 같이 나도 너희를 보내노라"(요 20:21). 예수님은 여러 번 하나님께서 자신을 세상으로 보내셨다고 말씀하셨습니다(요 10:36; 17:18). 성부 하나님께서 뜻을 이루기 위해 성자 예수님을 세상에 보내신 것처럼, 부활하신 예수님도 하나님의 뜻을 이루도록 제자들을 세상으로 보내셨습니다.

예수님께서 그곳에 모인 제자들만 세상에 보내신 것이 아닙니다. 만일 그들만 파송하셨다면, 이 말씀은 오늘 우리와 직접적인 관련이 없을 것입니다. 예수님은 일부 제자만 아니라 모든 교회와 성도를 세상으로 파송하셨습니다. 예수님의 말씀을 통해 우리는 이 사실을 알 수 있습니다. "아버지께서 나를 보내신 것처럼"(As the Father has sent me)이라는 예수님의 말씀은 영어 성경이 보여주듯 완료형 표현입니다. 성경 헬라어에서 완료형 표현은 그 상태에 머물러 있다는 뜻입니다. 예수님께서 부활하시고 하나님께로 가시지만 그곳에서도 보냄 받으신 사명을 수행하신다는 뜻입니다. 그렇다면 십자가 죽음과 부활이 반복된다는 의미일까요? 그렇지는 않습니다. 예수님께서는 여러 가지 방법으로 사명을 수행하시는데 그중 하나가 바로 제자들을 파송하신 것입니다.

예수님께서 제자들에게 "나도 너희를 보내노라."라고 하신 말씀은 현재형 표현입니다. 문법상 현재형은 행위가 반복되고 지속됨을 의미합니다. 그러므로 이 말씀은 '계속 보낸다'(I send you 또는 I am sending you)는 뜻입니다. 그러므로 "나도 너희를 보낸다."라는 말씀은 당시의 제자들만 아니라 모든 시대의 교회, 모든 성도를 세상으로 보내신다는 의미입니다. 당연히 모든 성도에는 오늘 우리도 포함됩니다. 예수님께서 제자들에게 주셨던 하늘의 평화를 오늘 우리에게도 선물로 주시고, 제자들을 파송하셨던 것처럼 오늘 우리도 세상으로 파송하십니다. 그렇다면 제자들이 예수님의 보내심에 순종해 세상으로 나갔던 것처럼 모든 그리스도인과 오늘 우리도 세상으로 가야 합니다.


## 예수님이 교회를 세상에 파송하시는 목적


예수님은 왜 제자들과 우리를 세상으로 파송하실까요? 무엇을 위해 세상으로 가라고 말씀하시는 것일까요? 그 대답은 "아버지께서 나를 보내신 것처럼 나도 너희를 보낸다."라는 말씀 속에 있습니다. 예수님께서 제자들을 세상에 보내신 목적은 하나님이 예수님을 세상에 보내신 목적과 연속성을 가지고 있습니다. 예수님은 여러 번 성부 하나님께서 자신을 보내신 이유와 목적을 말씀하셨습니다. 대표적으로 니고데모에게 하신 말씀입니다. "하나님이 세상을 이처럼 사랑하사 독생자를 주셨으니 이는 저를 믿는 자마다 멸망하지 않고 영생을 얻게 하려 하심이라. 하나님이 그 이들을 세상에 보내신 것은 세상을 심판하려 하심이 아니요, 그로 말미암아 세상이 구원을 받게 하려 하심이라"(요 3:16-17). 또 예수님께서는 바리새인들에게 "내가 온 것은 양으로 생명을 얻게 하고 더 풍성히 얻게 하려는 것이라."라고 말씀하셨고(요 10:10), 출교당할까 두려워 예수님을 믿지 않는 사람들을 향해 "내가 빛으로 세상에 왔나니 무릇 나를 믿는 자로 어둠에 거하지 않게 함이로다."라고 외치셨습니다(요 12:46-47). 예수님은 세상이 구원받고 사람이 하나님을 즐거워하며 풍성한 삶을 살도록 하기 위해 하나님이 자신을 세상에 보내셨다고 말씀하셨습니다.

하나님이 예수님을 세상에 보내실 수밖에 없던 이유는 인간의 죄로 인해 하나님의 진노가 창조 세계에 임해 있기 때문입니다

(창 3:17-19). 인간은 하나님을 대적하여 죄를 지었습니다. 하나님의 진노와 징벌로 인해 인간은 질병과 노화, 불의와 차별, 가난과 고통, 갈등과 충돌, 전쟁 같은 고난과 곤궁을 겪고 있습니다. 그리고 죽어 흙으로 돌아갑니다. 인간은 영원히 살기를 바라고 선과 정의와 사랑을 소망하지만, 인간은 그 어느 것도 얻지 못합니다. 가끔 기쁨의 순간들을 맞이하지만, 보이다가 금방 사라지는 아침 안개처럼 곧 사라져버립니다. 이런 부조리 앞에 인간이 할 수 있는 것은 아무것도 없습니다.

하나님은 이런 비참한 상태에 있는 인간을 구원하여 풍성한 삶을 살게 하기 위해 독생자 예수님을 세상으로 보내셨습니다. 성부 하나님의 보내심을 받은 성자 예수님은 자기를 비워 인간의 몸을 입으시고 세상에 오셔서 십자가에 달려 죽기까지 복종하셨습니다. 성부 하나님은 예수님을 죽음에서 부활하게 하셨습니다. 더 나아가 누구든지 예수님을 믿는 자들은 죄와 사탄의 속박과 죽음에서 벗어나 구원을 얻어 하나님의 자녀로 삼아 주십니다. 하나님은 예수 믿는 자들이 교회 안에서 자기들만 누리고 즐거워하라고 구원의 기쁨과 하늘의 평화를 주지 않으셨습니다. 하나님은 모든 사람이 구원받으며 진리를 아는 데 이르기를 원하십니다(딤전 2:4). 이를 위해 성부 하나님이 예수님을 세상에 보내신 것처럼, 예수님도 교회를 세상으로 보내십니다.

## 파송 받은 교회에 주신 성령과 권세

예수님은 제자들을 파송하시면서 빈손으로 보내지 않으셨습니다. 예수님은 제자들에게 열정만으로 임무를 수행하라고 요구하지 않으셨습니다. 예수님은 제자들이 세상에서 복음을 증언하고 증명할 수 있도록 성령을 보내 주시고 죄를 사하는 권세를 주셨습니다. 예수님은 제자들에게 "나도 너희를 보내노라."라는 말씀을 하시고 "그들을 향하여 숨을 내쉬며 이르시되 성령을 받으라. 너희가 누구의 죄든지 사하면 사하여질 것이요 누구의 죄든지 그대로 두면 그대로 있으리라."라고 하셨습니다(요 20:22-23).

예수님은 잡히시기 전날 제자들에게 고별 설교를 하시면서 여러 번 강조해서 자신이 아버지에게로 가실 것인데, 가시면 또 다른 보혜사 성령을 보내 주실 것을 약속하셨습니다(요 14:16, 26; 16:7, 13). 예수님은 제자들을 홀로 세상으로 보내지 않고 보혜사 성령을 보내 주실 것을 이미 약속하셨습니다. 부활하신 이후에도 몇 번 더 성령을 주실 것을 말씀하셨습니다. 누가복음은 예수님께서 승천하시기 전 마지막으로 제자들에게 "내가 내 아버지께서 약속하신 것을 너희에게 보내리니 너희는 위로부터 능력으로 입혀질 때까지 이 성에 머물라."라고 말씀하셨고(눅 24:49), 사도행전은 예수님이 보내시겠다고 약속하신 것이 성령임을 말씀하고 있습니다. "성령이 너희에게 임하시면 너희가 권능을 받고 예루살렘과 온 유대와 사마리아와 땅끝까지 이르러 내 증인이 되리라"(행 1:8).

그런데 요한복음은 예수님께서 숨을 내쉬며 성령을 받으라고 말씀하셨다고 기록하고 있습니다. 왜 예수님께서는 숨을 내쉬며 성령을 받으라고 말씀하셨을까요? 그 이유를 알려면 성경을 찾아보아야 합니다. 우선 창세기 2장 7절입니다. "여호와 하나님이 땅의 흙으로 사람을 지으시고 생기(숨)를 그 코에 불어넣으시니 생령이 되니라." 두 번째는 에스겔 37장 9-10절입니다. "또 내게 이르시되 인자야 너는 생기를 향하여 대언하라 생기에게 대언하여 이르기를 주 여호와께서 이같이 말씀하시기를 생기야 사방에서부터 와서 이 죽음을 당한 자에게 불어서 살아나게 하라 하셨다 하라. 이에 내가 그 명령대로 대언하였더니 생기가 그들에게 들어가매 그들이 곧 살아나서 일어나 서는데 극히 큰 군대더라."

이 말씀들을 볼 때, 예수님이 숨을 내쉬며 성령을 받으라고 말씀하신 것은 보내실 성령이 흙과 같고 마른 뼈와 같이 영적으로 죽은 사람을 살려 새롭게 창조하시는 사역을 제자들을 통해 하실 것임을 알려 주신 것입니다. 예수님은 니고데모에게 "사람이 물과 성령으로 거듭나지 않으면 하나님 나라에 들어갈 수 없느니라."라고 말씀하셨습니다(요 35). 그러므로 예수님께서 숨을 내쉬면서 성령을 받으라고 말씀하신 것은 제자들이 성령을 받아 새로운 존재로 거듭나게 될 것이며, 성령을 받아 성령의 능력으로 다른 사람을 살리고 새롭게 창조하는 성령의 사역에 동참하게 될 것이라는 뜻입니다. 예수님은 흙이나 말라 썩은 뼈와 같이 마치 죽은 자와 같은 상태에 있는 사람들을 살려 새로운 존재로 재창조하도록 성령을 보내셨습니다. 예수님이 보내신 보혜사 성령님은 제자들을 인도하시고 권능을 주셔서 보냄을 받은 세상에서 구원 사역을 수행하도록 도우십니다. 예수님께서 약속하신 성령이 임하시자 제자들은 권능을 받아 세상으로 나아가 세상의 방해와 박해를 이기고 담대히 복음을 전했습니다.

또한 예수님은 세상으로 파송하는 제자들에게 권위와 권한을 주셨습니다. 예수님께서 제자들에게 보내실 성령을 받으라고 말씀하시고, 이어서 23절에 "너희가 누구의 죄든지 사하면 사하여질 것이요 누구의 죄든지 그대로 두면 그대로 있으리라."라고 말씀하셨습니다. 이 말씀은 예수님께서 제자들에게 직접 죄를 사하는 권세를 주셨다는 의미가 아닙니다. 교회의 주인이신 주님께서 교회에 위임하신 권세입니다. 예수님께서는 마태복음 16장 19절에서도 교회에 이 권세를 주겠다고 말씀하셨습니다. "내가 천국 열쇠를 네게 주리니 네가 땅에서 무엇이든지 매면 하늘에서도 매일 것이요 네가 땅에서 무엇이든지 풀면 하늘에서도 풀리라 하시고." 로마 가톨릭에서 주장하듯 죄의 용서를 선언하고 알릴 수 있는 이 권위와 권세는 교황이나 사제에게 주어진 것이 아닙니다. 성경은 그 어디에서도 하나님 외에 그 누구도 죄를 사하는 권세를 갖고 있다고 말하지 않습니다. 성경은 오직 하나님만이 죄를 용서하실 수 있다고 말씀합니다. 사도들은 누구든지 예수 그리스도를 믿으면 죄 사함을 받고 의롭다 하심을 얻는다고 선포했지만, 자기들이 직접 죄를 사한다고 말하지는 않았습니다(행 2:38; 13:39).

그러므로 예수님께서 제자들에게 "너희가 누구의 죄든지 사하면 사하여질 것이요 누구의 죄든지 그대로 두면 그대로 있으리라."라고 말씀하신 의미는 "가서 복음을 전파하라, 복음을 듣고 죄를 회개하여 예수 그리스도를 믿는 사람들은 그들의 죄가 사함을 받을 것이라고 선포하라." 그러나 "죄를 회개하고 예수 그리스도를 믿기를 거부하는 사람들은 그들의 죄를 용서받지 못할 것임을 선언하라."라는 뜻입니다. 이러한 권위와 권세를 너희에게 준다는 말씀입니다. 제자들은 주님께서 주신 이 권위를 사용하여 복음을 전하여 믿고 세례를 받는 자들에게 죄가 사하여졌다고 선언했습니다. 이것이 예수님께서 제자들에게 위임하신 권위이며 권세입니다. 주님이 파송하신 교회가 복음을 전파해 회개하여 믿는 사람들에게 세례를 베풀 때, 예수를 믿어 세례 받는 이의 죄가 사함을 받아 새로운 피조물이 되었음이 선포되어서 주님이 주신 권위와 권세가 분명히 드러납니다.

## 파송 받은 그리스도인 사명

　성부 하나님은 세상을 구원하시기 위해 성자 예수님을 보내셨습니다. 성자 예수님은 이 땅에 오셔서 십자가에 달려 죽고 부활하셔서 죄와 죽음의 종으로 살아가는 인간에게 구원을 얻는 길을 여셨습니다. 부활하신 예수님은 이 복된 소식을 모든 사람에게 전하는 일을 교회에 맡기시고 성령과 죄 용서의 권위를 주셔서 세상으로 파송하셨습니다. 세상으로 보냄을 받은 교회는 성령을 의지하여 복음을 전하고 회개하고 믿은 사람들에게 예수님께서 주신 죄 용서의 권위와 권세를 사용하여 세례를 주어 세례 받은 사람의 죄가 사함을 받아 구원받았음을 공적으로 선언하는 구원 사역을 해야 합니다.

　전 세계 인구 중 28.3%나 되는 사람들이 아직도 복음을 듣지 못하고 있습니다. 복음화율이 2% 미만인 6,000여 미전도 종족과 15억 명의 사람이 있습니다. 6,000여 미전도 종족 중에서 아직 교회 개척이 시작도 안 된 종족이 3,000개나 됩니다. 이들 3,000여 미전도 종족에 속한 6억 명의 사람은 현지에 거주하면서 복음을 전할 선교사가 없어서 복음을 들을 기회조차 없습니다. 복음을 전하는 자가 없으면 복음을 들을 수 없고, 믿을 수 없고, 주의 이름을 부르고 구원을 얻을 수 없습니다(롬 10:14). 우리는 그들에게 복음을 들려주어야 합니다.

우리 친구들과 이웃들 가운데도 복음을 들어야 할 사람들이 많이 있습니다. 한국갤럽조사연구소의 발표 자료에 따르면 우리나라 국민 가운데 기독교인은 15% 정도밖에 되지 않습니다. 한국인의 60%는 종교를 가지고 있지 않고, 청년들은 80%가 아무런 종교를 가지고 있지 않습니다. 19-29세 청년들 가운데 기독교인은 11%밖에 되지 않습니다. 교회에 출석하는 중고생의 51%가 모태신앙이며, 85%가 부모 가운데 한 분이 기독교인입니다. 이러한 수치는 믿는 중고생들이 믿지 않는 친구들을 전도하지 않고 있다는 것을 보여줍니다. 아마도 초등학생으로 내려가면 믿는 자의 비율은 더 낮고 믿지 않는 자의 비율은 더 높을 것입니다. 이처럼 우리 주위에 아직도 복음을 전해야 할 많은 사람이 있습니다. 예수님은 이들에게 복음을 전하도록 우리를 파송하셨습니다.

보냄을 받은 교회는 세상 모든 사람에게 복음을 선포해야 합니다. 복음을 들음에서 믿음이 나기 때문입니다(롬 10:17). 그런데 우리가 단지 말만 했다고 복음을 들려주었다, 우리의 사명을 다했다고 할 수 없습니다. 교회는 삶과 행동으로도 복음이 진리임을 세상에 보여주고 증언해야 합니다. 한국교회는 보냄 받은 세상에서 복음을 선포하는 일을 충실히 했지만, 삶으로 복음의 능력을 보여주는 일은 부족했던 것 같습니다. 2023년 기독교윤리실천운동이 발표한 자료에 의하면 믿지 않는 우리 이웃들 가운데 교회와 그리스도인의 말과 행동을 신뢰한다고 대답한 사람이 21%밖에 되지 않습니다. 사도 베드로는 그리스도인들은 말만 아니라 구별된 삶과 섬김을 통해 전도할 것을 말씀했고(벧전 3:13-15), 사도 바울도 하나님의 부르심에 합당한 삶을 살아 복음이 전파되게 하라고 말씀했습니다(엡 4:1, 골 4:5-6). 이처럼 그리스도인은 사적인 영역뿐만 아니라 공적인 영역에서 그리스도를 따르는 거룩하고 빛나는 삶을 살아서 구원의 복음이 다른 사람에게 흘러가게 해야 합니다. 말로 전하는 복음이 삶을 통해 드러나고 선포될 때 설득력을 더욱 얻기 때문입니다. 교회와 그리스도인은 주님께서 파송하신 세상 속에서 말로 복음을 전하고 섬김과 삶으로 복음의 능력과 영향력을 눈으로 볼 수 있게 해야 합니다.

주님은 모든 그리스도인을 세상으로 파송하셨습니다. 모든 그리스도인은 주님께서 보내신 곳에서 증인의 사명을 수행해야 합니다. 우리가 파송 받은 세상은 사람들과 더불어 일하며 살아가는 일터, 마을, 동네라고 할 수 있습니다. 우리는 이곳에서 함께 지내는 친구와 동료, 이웃에게 말과 섬김과 선한 삶으로 복음을 전해야 합니다. 교회학교, 중고등부 학생들도 예외가 아닙니다. 그들도 세상으로 보냄을 받았습니다. 교회는 그리스도인 자녀들이 친구들에게 보냄을 받았다는 사명을 깨닫고 복음을 전하도록 가르쳐야 합니다. 우리 자녀들이 매일 만나는 친구들에게 복음을 전하는 것이 성인이 그들에게 복음을 전하는 것보다 훨씬 영향력이 있고 효과적입니다. 또래 아이들이 쉽게 이해할 수 있는 말로 복음을 들려주고 행동으로 복음의 진실성을 보여줄 수 있기 때문입니다. 대학, 청년들도 마찬가지입니다. 같은 공간 안에서 함께 살아가는 그리스도인 친구들이 그들에게 가장 잘 전도할 수 있습니다.

## 파송 말씀에 순종하는 제자, 교회

예수님은 하나님께서 이루신 구원과 그로부터 주어지는 하늘의 평화를 먼저 교회에 주셨습니다. 그리고 이 복된 소식을 모든 사람에게 전하도록 교회를 세상으로 파송하셨습니다. 예수님은 교회가 파송 받은 세상에서 받은 사명을 잘 수행할 수 있도록 보혜사 성령을 주셨습니다. 그리고 사죄의 복음을 선포하고 믿은 자들에게 죄 용서를 선언할 수 있는 권한을 주셨습니다. 교회가 성령을 의지하고 세상으로 나아가 복음을 선포하지 않으면 죄인들은 구원을 얻지 못하고, 하늘의 평화를 누리지 못합니다. 예수님께서 하나님의 뜻에 순종하시어 세상을 구원하시려는 하나님의 원대한 뜻을 이루신 것처럼, 우리 모두도 예수님께 순종하여 주님의 뜻을 이루어 가는 참 제자, 참 교회가 되기를 바랍니다.

## • 정리 및 나눔을 위한 질문

1. 부활하신 예수님께서 제자들에게 주신 평화는 어떤 성격의 것입니까?

2. 예수님께서 왜 우리를 세상에 파송하실까요?

3. 내가 보냄을 받은 세상은 어디라고 생각합니까?

4. 보냄 받은 곳에서 주님이 맡기신 사명을 어떻게 수행하고 있습니까?

# 제6장
# 열방이 하나님을
# 예배하게 하라

## 요한계시록 7장 9-12절

9 이 일 후에 내가 보니 각 나라와 족속과 백성과 방언에서 아무도 능히 셀 수 없는 큰 무리가 나와 흰 옷을 입고 손에 종려 가지를 들고 보좌 앞과 어린 양 앞에 서서

10 큰 소리로 외쳐 이르되 구원하심이 보좌에 앉으신 우리 하나님과 어린 양에게 있도다 하니

11 모든 천사가 보좌와 장로들과 네 생물의 주위에 서 있다가 보좌 앞에 엎드려 얼굴을 대고 하나님께 경배하여

12 이르되 아멘 찬송과 영광과 지혜와 감사와 존귀와 권능과 힘이 우리 하나님께 세세토록 있을지어다 아멘 하더라


## 선교가 완수되면

하나님께서 예수 그리스도의 피로 교회를 세우시고 그 교회에 죄를 용서하는 복음 전파의 권세를 위임하시고(마 16:18-19), 땅 끝까지 이르러 모든 족속에게 복음을 전하라고 명령하셨습니다. 주님으로부터 복음을 위임받은 교회, 곧 제자들은 사방으로 흩어져 복음을 전해 교회를 세웠습니다. 제자들에게 복음을 받아 세워진

교회들은 세상이 가하는 온갖 방해와 고난을 견뎌야 했습니다. 그 가운데서도 교회는 다음 세대에 믿음을 전수하고 주 예수 그리스도를 알지 못하는 족속과 민족에게 복음을 전했습니다. 예루살렘에서부터 멀리 떨어진 우리 민족에게도 140년 전에 복음이 본격적으로 전해져 교회가 세워지고 이 땅에 뿌리를 내렸습니다. 복음을 받은 한국교회도 세상 끝 날까지, 땅 끝까지 이르러, 모든 족속에게 복음을 전하라는 주님의 분부에 따라 온 세계에 복음을 전하고 있습니다.

그런데 복음을 받은 교회가 복음을 전해 다른 교회를 세우는 일이 계속되어 마침내 선교가 완수되면 어떤 일이 일어날까요? 성경 중 마지막에 위치한 요한계시록은 종말에 이루어질 일을 장엄한 환상들로 보여주고 있습니다. 하나님께서 사탄과 사탄을 추종하던 자들을 멸하시고(계 20:1-15), 하나님이 인간과 함께 거하시며(계 21:3), 생명수와 생명나무가 열방을 치유하며(계 22:2), 저주가 창조 세계에서 사라지고(계 22:3), 땅은 하나님의 영광으로 가득 찰 것이며, 모든 열방은 하나님의 영광의 빛 가운데 행할 것입니다(계 21:24). 이러한 환상들 가운데 삼위 하나님의 선교가 사탄과 악을 이기고 승리를 거두고 완수되어 구원받은 셀 수 없는 큰 무리와 천사들이 하나님을 찬양하며 예배하는 장면이 있습니다.

> 이 일 후에 내가 보니 각 나라와 족속과 백성과 방언에서 아무도 능히 셀 수 없는 큰 무리가 나와 흰 옷을 입고 손에 종려 가지를 들고 보좌 앞과 어린 양 앞에 서서 큰 소리로 외쳐 이르되 구원하심이 보좌에 앉으신 우리 하나님과 어린 양에게 있도다 하니
>
> 요한계시록 7장 9-10절

이 찬양에 모든 천사가 보좌 앞에 엎드려 하나님께 경배하며 화답합니다.

> 아멘 찬송과 영광과 지혜와 감사와 존귀와 권능과 힘이 우리 하나님께 세세토록 있을지어다 아멘.
>
> 요한계시록 7장 12절

이 장엄한 환상은 하나님께서 아브라함에게 하신 "모든 족속

이 너로 말미암아 복을 얻을 것이라"라는 언약의 약속(창 12:3)과 열방이 하나님께 나아와 예배할 것이라는 구약의 예언이 성취된 모습입니다. 이 장엄한 장면은 삼위 하나님께서 자신의 선교(Mission, 임무)로 삼으신 것으로 하나님께서 이루어 가시는 일입니다. 성부께서 성자를 세상에 보내시고, 성자 예수님은 성부의 뜻에 따라 자기를 비우고 세상에 오셨습니다. 십자가에 달려 죽으시고 부활하셔서 성령을 제자들에게 보내시고 제자들은 세상으로 파송하셨습니다. 삼위 하나님은 이러한 사역으로 열방 모든 족속 가운데 택하신 백성을 구원하셔서 찬양과 예배를 받으실 것입니다.

## 이미 그러나 아직

하나님은 인간을 자기 형상대로 창조하셨습니다. 하나님은 하나님이 지으신 세상에서 충만한 삶을 살면서 하나님을 즐거워하고 영화롭게 하도록 인간을 창조하셨습니다. 하지만 인간은 하나님의 말씀을 거역하고 죄를 지었습니다. 하나님 대신 자기를 높이려고 했습니다. 하나님보다 높아지려 한 인간은 도리어 죄의 종으로 살았습니다. 죄악이 너무나도 넘쳐 홍수로 하나님의 심판을 받았습니다. 하나님은 의로운 노아의 가족을 홍수 심판에서 구원하셨지만, 노아의 자손들은 바벨탑을 쌓고 다시 하나님을 거역했습니다. 하나님은 언어를 혼잡하게 하심으로 대적하는 인간을 온 지면에 흩으셨습니다. 언어가 달라진 인간은 서로 각기 다른 나라와 민족과 족속을 이루었습니다. 나뉜 인간은 서로 싸우며 죄와 죽음의 종으로 살아가는 비참함에 처하게 되었습니다.

하나님은 그런 인류를 여전히 사랑하시고 불쌍히 여기셔서 그들을 구원하여 다시 하나님께 소환하기 위해 아브람을 부르셨습니다(창 12:1-3). 하나님은 아브람에게 복을 주시고 그와 언약을 맺으시고 그의 이름을 "많은 무리의 아버지"라는 의미인 아브라함으로 바꾸어 주셨습니다(창 17:5). 그리고 그의 자손이 하늘의 별과 바닷가의 모래와 같이 셀 수 없이 많아질 것이며 "네 씨로 말미암아 천하 만민이 복을 받을 것"이라고 약속하셨습니다(창 22:17-18). 사도 바울은 하나님께서 아브라함을 부르신 이 일을 두고, "하나님이 이방을 믿음으로 말미암아 의로 정하실 것을 미리 알고 먼저 아브라함에게 복을 전하되 모든 이방인이 너로 말미암아 복을 받으리라 하였느니라"라고 말씀하고 있습니다(갈 3:8). 그리고 "네 씨로 말미암아 천하 만민이 복을 받으리니"라고 약속하신 "네 씨"가 예수 그리스도라고 밝히고 있습니다(갈 3:16). 하나님은 죄를 지어 하나님의 진노 아래 놓여서 온 땅에 흩어진 열방을 "네 씨 안에서" 즉 예수 그리스도 안에서 구원하셔서 하나님을 예배하도록 오래전에 아브라함을 선택해 부르셨습니다.

성경은 하나님께서 이 약속을 어떻게 이루어 가셨는지를 보여줍니다. 이 약속을 이루시기 위해 하나님은 이스라엘을 언약 백성으로 삼으시고 성전을 세우셨으며 왕을 세우시고 선지자들을 보내셨습니다. 구약 성경은 하나님께서 이루실 이 일에 대한 예언과 기대로 가득합니다. 시편은 다음과 같이 노래합니다. "땅의 모든 끝이 여호와를 기억하고 돌아오며 모든 나라의 모든 족속이 주의 앞에 예배하리니, 나라는 여호와의 것이요 여호와는 모든 나라의 주재이심이로다"(시 22:27-28). "주여, 주께서 지으신 모든 민족이 와서 주의 앞에 경배하며 주의 이름에 영광을 돌리리이다"(시 86:9). 선지자들은 예언했습니다. "내가 그들의 행위와 사상을 아노라 때가 이르면 뭇 나라와 언어가 다른 민족들을 모으리니 그들이 와서 나의 영광을 볼 것이며"(사 66:18). "여호와의 말씀에 시온의 딸아 노래하고 기뻐하라 이는 내가 와서 네 가운데에 머물 것임이라. 그날에 많은 나라가 여호와께 속하여 내 백성이 될 것이요 나는 네 가운데에 머물 것임이라"(슥 2:10-11).

구약의 하나님 백성은 자기들만이 아니라 열방이 우상을 버리고 하나님께 돌아와 하나님의 백성이 되어 예배할 것을 알고 기대했습니다. 하지만 이 일이 어떻게 성취될지는 알지 못했습니다. 사도 바울이 말씀하는 것처럼 그것은 "신비"였습니다. 신약의 복음만이 이 일이 어떻게 일어났는지, 어떻게 열방이, 천하 만민이 온전히 하나님께 모여들어 예배하게 되는지를 보여줍니다.

성자 예수님이 아브라함의 씨로 세상에 오셔서 구원을 이루셨습니다. 성부와 성자께서는 성령을 보내시고 성자께서는 제자들에게 복음을 위임하시고 파송하셔서 땅 끝 모든 족속에게 복음을 전하게 하셨습니다. 예루살렘에서 시작된 복음의 역사는 유대와 사마리아를 넘어서 아시아와 그리스로 그리고 로마와 스페인까지 전파되었습니다. 복음을 받은 사람은 주님의 명령에 순종하여 복음을 다른 민족과 족속에게 전달하였습니다. 복음 전달의 연속 작용은 쉬지 않고 계속되어 여러 민족과 족속 가운데 수많은 사람이 예수님을 믿고 하나님의 백성이 되어 하나님을 찬송하고 예배하는 무리에 합류하게 되었습니다. 주님께서 명령하신 선교는 지금도 계속되고 있습니다.

1,900년에 아프리카 대륙에는 1,000만 명의 그리스도인이 있었습니다. 120년이 지난 오늘날 아프리카 대륙에는 7억 명의 그리스도인이 있습니다. 140년 전 우리나라에는 하나님을 예배하는 사람이 없었습니다. 지금은 모든 지역에 교회가 있습니다. 주일마다 수백만의 사람이 하나님께서 베풀어 주신 구원의 은혜를 찬송하며 예배하고 있습니다. 1960년 네팔의 그리스도인 수는 500명도 되지 않았습니다. 그런데 2024년 현재 100만 명 이상이 주님께 돌아와 하나님을 예배하고 있습니다. 지난 40년 동안 복음이 미치지 못했던 중앙아시아 여러 나라와 민족들에게도 복음이 전파되어 교회가 세워지고 수많은 사람이 하나님을 예배하고 있습니다. 오늘도 복음은 민족과 문화적 경계를 넘어 전파되고 있습니다.

이처럼 각 나라와 족속과 백성과 방언에서 아무도 능히 셀 수 없는 큰 무리가 나와 보좌에 앉으신 하나님과 어린 양을 찬송하며 경배하는 그 장엄한 환상이 실현되고 있습니다.

그러나 아직 선교가 완수되지는 않았습니다. 아직 그 장엄한 환상이 온전히 이루어지지 않았습니다. 이 땅에는 많은 족속이 여전히 하나님께서 예수 그리스도의 십자가와 부활을 통해 이루신 구원의 기쁜 소식을 듣지 못하고 있습니다. 앞서 5장에서 언급한 것처럼 전 세계에는 복음을 듣지 못한 종족이 아직 많습니다. 아직 단편 성경조차 번역되지 않은 3,710개의 언어가 있습니다. 멀리 갈 것도 없이 우리 이웃 중에도 하나님을 알지 못하는 사람이 많습니다. 하나님은 이들도 예수 그리스도의 십자가와 부활의 복된 소식을 듣고 하나님을 찬양하는 무리에 들어오기를 기다리고 계십니다.

우리는 이들을 예배하는 열방 가운데로 데리고 와야 합니다. 이것이 주님께서 땅 끝까지 이르러, 모든 민족에게, 세상 끝 날까지 복음을 전파하라고 명령하신 목적이며 우리가 주님의 명령에 순종해야 하는 이유입니다. 세상 끝 날, 선교가 완수되어 각 나라와 족속과 백성과 방언에서 아무도 셀 수 없는 구원받은 큰 무리가 하나님 보좌 앞과 어린 양 앞에서 찬양과 예배를 드리는 그 장엄한 장면

이 성취될 때까지, 교회는 열방을 가슴에 품고 기도하며 복음을 전
해야 합니다.


## 복음, 열방을 예배로 초청하는 메시지이며,
## 그것을 성취하는 능력


하나님의 보좌와 어린 양 앞에 서서 찬양하며 예배하는 큰 무
리는 흰옷을 입고 손에 종려 가지를 들고 있습니다. 흰옷과 종려 가
지는 그리스도의 의와 믿음의 승리를 의미합니다. 사도 요한이 환
상을 보는 중에 한 장로가 묻습니다. "이 흰 옷 입은 자들이 누구며
또 어디서 왔느냐?" 질문에 요한은 장로가 안다고 답하니 장로는
그들은 큰 환란에서 나온 자들이고 그들의 옷은 어린 양의 피로 씻
어 희게 되었다고 알려 줍니다(계 7:13-14).

열방이 우상을 버리고 하나님께 돌아와 예배드리는 것은 "죽
임을 당하사 각 족속과 방언과 백성과 나라 가운데에서 사람을 피
로 사서 하나님께 드린" 어린 양의 피로 가능합니다(계 5:9). 하나님

께서 아브라함에게 "네 씨로 말미암아(네 씨 안에서) 천하 만민이 복을 받을 것이라"(창 22:18)라고 하신 말씀이 예수 그리스도의 구원 사역으로 성취됩니다. 어린 양의 보혈로 정결하게 된 흰 옷을 입은 자만이 하나님의 보좌와 어린 양 앞에 설 수 있습니다. 죄와 사탄을 이기고 승리하여 하나님의 보좌 앞에 예배할 수 있게 하는 것은 예수 그리스도의 보혈 외에는 없습니다. 십자가에서 흘리신 보혈로 깨끗하게 된 자만이 이 장엄한 찬양과 예배에 나아올 수 있습니다. 그래서 큰 무리는 천사들의 경배(계 7:12)에서는 찾아볼 수 없는 구원의 은혜를 소리 높여 찬양합니다. "구원하심이 보좌에 앉으신 하나님과 어린 양에게 있도다!"(계 7:10).

복음은 이 장엄한 예배에 열방을 초청하는 메시지이며 그것을 성취하는 열쇠며 능력입니다. 그래서 부활하신 주님은 "온 천하에 다니며 만민에게 복음을 전파하라, 믿고 세례를 받는 사람은 구원을 얻을 것이요 믿지 않는 사람은 정죄를 받으리라"라고 말씀하셨습니다(막 16:15-16). 먼저 믿어 구원받은 우리는 열방의 모든 사람에게 그리스도의 십자가 복음을 전해야 합니다.

그런데 사람들은 예수 그리스도의 십자가 복음을 환영하지 않습니다. 이렇게 기쁜 소식인데도 정작 복음을 전하면 사람들은 "신이 인간의 몸으로 탄생하는 것은 신화에서나 나오는 이야기이지 실제 그런 일은 있을 수 없다", "과학적으로 증명할 수 없는 천국과 지옥, 부활을 믿는 것은 어리석은 것이다"라고 하면서 복음을 거부합니다. 종교인들은 사람이 죄를 지었으면 죄를 지은 사람이 책임을 져야지 예수님께서 대신 죽는다고 해결되는 것이 아니라고 말합니다. 개인적으로 복음을 거부하는 수준을 넘어, 어떤 나라들은 복음 전하는 사람들이 들어오지 못하도록 법적, 사회적 장벽을 쌓고 박해를 가합니다.

그럼에도 우리는 그들에게 복음을 전해야 합니다. 사람들이 십자가 복음을 거부하는 것은 새로운 일은 아닙니다. 복음이 처음 전파될 때부터 복음은 환영받지 못했습니다. 유대인들은 십자가에 못 박힌 그리스도를 거리끼는 것으로 여겼고 로마인, 헬라인들은 미련한 것으로 여겼습니다. 그들이 그리스도의 십자가가 인간을 구원하시는 하나님의 능력이고 지혜임을 몰랐기 때문입니다 (고전 1:23-24). 사도들과 초대교회 그리스도인들은 그 어떤 사람들 앞에서도 복음을 부끄러워하지 않고 십자가 복음을 전했습니다

(롬 1:16; 고전 1:23). 그들로부터 복음을 받은 사람들도 반대와 거부를 견디며 이웃 도시, 이웃 종족, 이웃 나라에 복음을 전했습니다(살전 1:6-8). 그 덕분에 복음과 교회가 시작된 땅으로부터 멀리 떨어진 곳에도 복음이 전해져 우리 민족도 예수 그리스도의 보혈로 깨끗하게 되어 하나님의 보좌와 어린 양 앞에 서서 우리말로 하나님을 찬양하며 예배하는 큰 무리 가운데 있게 되었습니다.

복음을 받고 구원받아 예수 그리스도 안에서 누리는 구원을 기뻐 찬양하며, 각 나라와 족속과 민족과 방언에서 나온 아무도 능히 셀 수 없는 큰 무리가 하나님의 보좌와 어린 양 앞에서 드릴 그 장엄한 찬양과 경배를 마음에 품고 있는 자는 복음을 전하지 않을 수 없습니다. 오직 십자가 복음입니다. 십자가 복음만이 열방을 이 장엄한 예배에 초청하는 메시지이며 그것을 성취하는 열쇠며 능력이며 지혜입니다.

## 열방을 예배로 나오게 하는 예배

천사는 사도 요한에게 하나님의 보좌와 어린 양 앞에서 예배하는 큰 무리가 큰 환란에서 나온 자들이고 그들의 옷은 어린 양의 피로 씻어 희게 되었다고 알려 줍니다(계 7:13-14). 여기서 말하는 "큰 환란"은 다니엘 12장 1절의 "그때까지 없던 환란"을 배경으로 하고 있습니다. 이 환란은 예수님의 초림과 재림 사이 교회가 겪는 고난 전체를 가리킵니다. 그러므로 하나님의 보좌와 어린 양 앞에서 찬양하는 큰 무리는 이 세상의 큰 환란 가운데 있는 자들이며 동시에 하나님의 은혜로 큰 환란을 이기고 나오는 자들입니다. 열방에 세워진 교회는 이 땅에서 믿음의 싸움을 싸우며 환란 가운데 있습니다. 하지만 하나님의 돌보심을 받아 환란을 이깁니다. 그리고 하나님을 찬양하고 예배하며 미래에 있을 셀 수 없는 큰 무리가 하나님을 찬양하는 종말론적인 축복을 누립니다. 그러면서 교회는 하나님을 믿지 않는 사람들을 예배로 초청하며 더 나아가 열방이 하나님을 찬송하고 예배하는 그 장엄한 영광으로 초대합니다. 이처럼 구속받은 하나님의 백성이 드리는 예배는 선교와 필수적으로 연관되어 있습니다.

사도 바울은 유대인과 이방인 모두가 "그의 은혜의 영광을 찬송하게 하려고" 하나님께서 창세전에 그리스도 안에서 택하시고 예정하사 자기의 아들들이 되게 하셨다고 말합니다(엡 1:4-14). 하나님의 자녀가 그분의 은혜의 영광을 찬송하는 것은 하나님을 예배하는 것이며 다른 사람들도 그분을 알고 찬송하게 하는 것입니다. 그래서 시편 기자는 새 노래로 그의 기이한 행적을 만민 가운데에 선포하자고 권고합니다(시 96:1-3). 우리가 하나님의 은혜와 영광을 찬양하며 예배드릴 때 복음이 선포됩니다. 우리가 공적 예배로 모여 찬송하고 경배할 때 하나님의 사랑과 능력이 드러납니다. 교회가 하나님을 찬송하고 예배하는 것은 교회가 복음을 선포하는 것이며 동시에 사람들을 영광스러운 예배로 초청하는 것입니다. 예배에는 사람들을 주님께로 초청하여 이끄는 능력이 있습니다.

동슬라브족의 복음화는 예배가 믿지 않는 사람들을 어떻게 예배로 이끄는지를 잘 보여줍니다. 동슬라브족은 주후 988년 복음을 받아들였습니다. 당시 키예프 공화국의 왕이었던 블라디미르는 자기 민족에게 적합한 종교를 찾기 위해 여러 곳에 사절을 보냈습니다. 그 가운데 한 사절단이 콘스탄티노플 소피아 교회에서 드리는 예배에 참석했고 그곳에서 예배의 영광을 보았습니다. 그리고 왕에게 다음과 같이 보고했습니다. "그 예배가 얼마나 장엄하고 영광스러운지 우리는 우리가 천상에 있는지 지상에 있는지 분간할 수 없었습니다. 우리는 그 예배의 장엄함과 아름다움을 어떻게 표현해야 할지 모르겠습니다." 보고를 들은 블라디미르 왕은 기독교를 자기 민족의 종교로 받아들였습니다. 예배는 공동체의 증언입니다. 우리가 참된 예배를 드림으로 하나님을 찬양하며 그분의 사랑과 은혜를 선포하고, 다른 사람들도 하나님을 예배하도록 이끕니다. 단지 오늘날 현장 예배로 이끌 뿐만 아니라 미래에 있을 비교할 수 없을 정도로 장엄한 예배의 영광으로 이끕니다.

그러므로 우리는 구속받은 수많은 하나님의 백성이 하나님의 보좌와 어린 양 앞에서 드릴 장엄한 예배를 고대하며 이 땅에서 하나님을 전심으로 찬양하며 온전한 예배를 드려야 합니다. 우리가 드리는 온전한 예배가 하나님의 사랑과 은혜를 선포하여 사람들을 예배로 이끌고, 그들은 새롭게 믿는 사람이 되어 예배에 참여하게 됩니다. 그럼으로써 이 시대가 끝날 때 각 나라와 족속과 방언에서 나온 셀 수 없이 많은 구속받은 자들이 보좌 앞에서 하나님과 어린 양을 예배하게 될 것입니다.


## 열방이 하나님을 예배하게 하라


선교를 분부하신 주님은 선교가 완수되어 각 나라와 족속과 백성과 방언에서 아무도 셀 수 없는 구원받은 큰 무리가 하나님 보좌 앞과 어린 양 앞에서 큰 소리로 하나님이 베푸신 구원의 은혜를 찬양하며 예배하는 환상을 교회에 보여주셨습니다. 삼위 하나님의 선교가 완수되어 마침내 이루어질 이 장엄한 환상은 하나님 백성의 소망이 되어 세상에서 어려움과 고난을 견디고 이겨 내게 합니다. 또 열방에 복음을 전할 용기를 줍니다. 이 환상을 가슴에 품고, 열방이 하나님을 예배하도록 아직 복음을 듣지 못한 나라와 족속과 백성에게 십자가 복음을 전하며 예배를 통해 사람들을 예배로 초청하여 하나님 보좌 앞에서 드려질 그 장엄한 예배의 자리로 함께 나아가는 복된 여러분이 되기를 바랍니다.

## • 정리 및 나눔을 위한 질문

1. 선교가 완수되면 어떤 일이 일어날까요?

2. 하나님이 아브라함을 부르시고 복 주신 이유는 무엇일까요?

3. 주님이 내게 맡겨 주신 선교(missions)는 무엇이라고 생각합니까?

4. 찬송과 예배가 교회 공동체의 전도인 이유는 무엇인가요?

생명의양식 소책자 시리즈 03

# 모든 사람이 듣게 하라

인쇄 2025년 5월 16일
발행 2025년 5월 21일

발행인 이기룡
지은이 김성운
발행처 도서출판 생명의 양식
등록번호 제2018-000072호(2018년 3월 28일)
주 소 서울시 서초구 고무래로 10-5(반포동)
전 화 02-533-2182
팩 스 02-533-2185
홈페이지 www.qtland.com